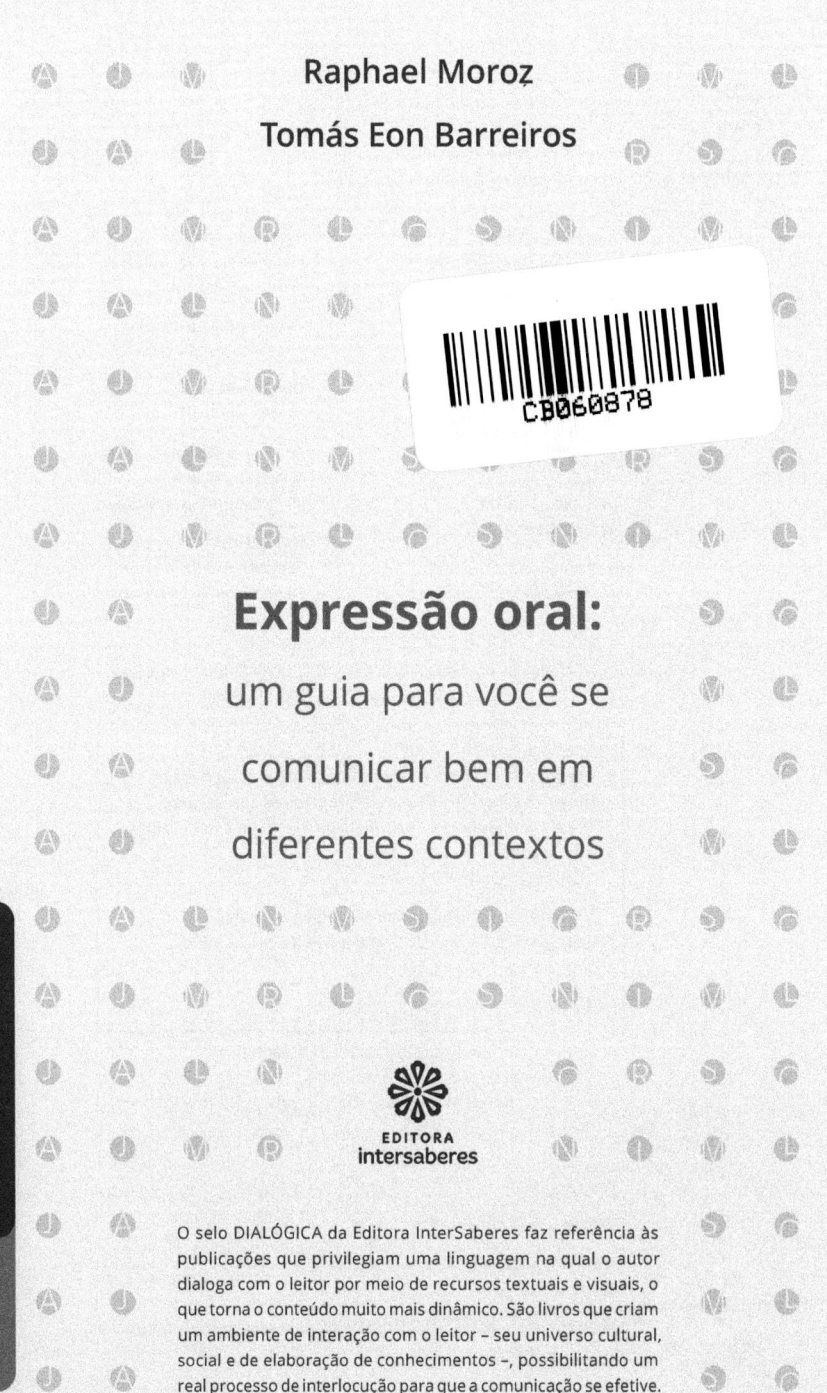

Raphael Moroz
Tomás Eon Barreiros

Expressão oral:
um guia para você se comunicar bem em diferentes contextos

SÉRIE EXCELÊNCIA EM JORNALISMO

DIALÓGICA

EDITORA intersaberes

O selo DIALÓGICA da Editora InterSaberes faz referência às publicações que privilegiam uma linguagem na qual o autor dialoga com o leitor por meio de recursos textuais e visuais, o que torna o conteúdo muito mais dinâmico. São livros que criam um ambiente de interação com o leitor – seu universo cultural, social e de elaboração de conhecimentos –, possibilitando um real processo de interlocução para que a comunicação se efetive.

EDITORA intersaberes

Rua Clara Vendramin, 58 . Mossunguê
CEP 81200-170 . Curitiba . PR . Brasil
Fone: (41) 2106-4170
www.intersaberes.com
editora@editoraintersaberes.com.br

Conselho editorial
Dr. Ivo José Both (presidente)
Dr.ª Elena Godoy
Dr. Neri dos Santos
Dr. Ulf Gregor Baranow

Editora-chefe
Lindsay Azambuja

Gerente editorial
Ariadne Nunes Wenger

Analista editorial
Ariel Martins

Preparação de originais
Luiz Gustavo Micheletti Bazana

Edição de texto
Viviane Fernanda Voltolini
Natasha Saboredo

Capa e projeto gráfico
Charles L. da Silva

Diagramação
Estúdio Nótua

Equipe de *design*
Mayra Yoshizawa
Sílvio Gabriel Spannenberg

Iconografia
Sandra Lopis da Silveira
Regina Claudia Cruz Prestes

Dados Internacionais de Catalogação na Publicação (CIP)
(Câmara Brasileira do Livro, SP, Brasil)

Moroz, Raphael
  Expressão oral: um guia para você se comunicar bem em diferentes contextos/Raphael Moroz, Tomás Eon Barreiros. Curitiba: InterSaberes, 2020. (Série Excelência em Jornalismo)
  Bibliografia.
  ISBN 978-85-227-0240-4

  1. Comunicação oral 2. Falar em público 3. Figuras de linguagem 4. Jornalismo 5. Oratória 6. Retórica I. Barreiros, Tomás Eon. II. Título. III. Série.

19-31488   CDD-070.4

Índices para catálogo sistemático:
1. Comunicação oral: Jornalismo 070.4
Cibele Maria Dias – Bibliotecária – CRB-8/9427

1ª edição, 2020.

Foi feito o depósito legal.

Informamos que é de inteira responsabilidade dos autores a emissão de conceitos.

Nenhuma parte desta publicação poderá ser reproduzida por qualquer meio ou forma sem a prévia autorização da Editora InterSaberes.

A violação dos direitos autorais é crime estabelecido na Lei n. 9.610/1998 e punido pelo art. 184 do Código Penal.

Sumário

- 9   *Apresentação*
- 12   *Como aproveitar ao máximo este livro*

Capítulo 01
17   A comunicação oral
- 19   Comunicação profissional
- 20   Comunicação cotidiana
- 21   Comunicador e público
- 22   Uso da língua portuguesa
- 22   O aparelho fonador
- 24   Características da voz
- 27   Sotaques
- 28   Características da fala

Capítulo 02
38   Estilos de expressão oral
- 39   Conhecer o tema
- 41   Quando o estilo de comunicação cria o público
- 43   A situação de comunicação
- 44   Repertório
- 46   A linguagem como poder

47	Níveis de linguagem
53	Adaptar-se ao público

Capítulo 03
61 Como falar em público
63	A retórica
64	Planejamento da apresentação
68	Estruturação da apresentação

Capítulo 04
85 Estratégias para apresentações
87	Elocução e seus elementos
90	Ferramentas da apresentação
102	As figuras de linguagem

Capítulo 05
111 A oralidade no rádio
113	O uso da voz no rádio
121	O texto no rádio

Capítulo 06
132 Dicas de expressão oral
133	Cuide de sua voz
135	Exercícios vocais
138	Condutas a evitar
143	Bons exemplos

149   *Para concluir...*
151   *Referências*
154   *Respostas*
158   *Sobre os autores*

A Deus, por ter me proporcionado condições físicas
e mentais para que eu me engajasse na deliciosa
e árdua aventura que foi escrever esta obra.
A meus pais, pelo apoio constante.
À minha esposa, Jamille, pelo amor e pela
compreensão durante o processo de escrita deste livro
e pela acolhida nos momentos difíceis.
À minha filha, Maya, pelos gestos singelos
de amor que me fizeram seguir em frente.
A Lindsay Azambuja, pela oportunidade concedida
e pela confiança em meu trabalho como educador
e escritor.
Aos meus amigos e familiares, pelas valiosas sugestões
para esta obra.
Às colegas Alessandra Boldrini e Ana Flavia da Silva,
pela disposição em contribuir com este livro por meio
de relatos profissionais.

Raphael Moroz

Agradeço por todos os privilégios recebidos.

Tomás Eon Barreiros

*Entre duas explicações, escolha a mais clara;
entre duas formas, a mais simples;
entre duas expressões, a mais breve.*
(Eugenio D'Ors)

Apresentação

A capacidade de nos expressarmos verbalmente utilizando a linguagem é o que nos diferencia das demais espécies. É por meio dessa capacidade que moldamos nossos pensamentos e constituímos nossa visão de mundo. Além disso, a comunicação oral nos permite interagir com outras pessoas e compartilhar experiências e conhecimentos.

Esta obra trata da expressão oral em termos conceituais e práticos. O objetivo é proporcionar uma compreensão teórico-prática acerca dos elementos que constituem a comunicação oral em diferentes contextos. Considerando isso, este livro destina-se a estudantes de comunicação, especialmente do curso de Jornalismo. Todavia, acadêmicos de outras áreas e profissionais que desejem se expressar melhor publicamente também poderão se beneficiar deste material.

Para que o objetivo proposto seja alcançado, esta obra está organizada em seis capítulos. No Capítulo 1, trataremos da importância da expressão oral na comunicação cotidiana e profissional e conheceremos as características da voz (tipo e potência) e da fala (clareza, velocidade, entonação e modulação).

No Capítulo 2, abordaremos fatores que influenciam a efetividade de uma fala pública, como o nível de conhecimento sobre o tema a ser tratado, o estilo de comunicação, o repertório comum entre o comunicador e o público e o nível de linguagem a ser empregado.

Explicaremos, no Capítulo 3, o que é retórica e como ela surgiu. Em seguida, comentaremos as fases de uma fala pública e aprenderemos a planejar uma apresentação bem-sucedida considerando-se o público-alvo e os objetivos de comunicação. Apresentaremos também um método bastante interessante e inovador que você poderá empregar em suas falas públicas.

No Capítulo 4, aprofundaremos o conceito de elocução (projeção vocal dos sons das palavras) e seus elementos. Depois, discorreremos sobre estratégias práticas para que você elabore uma fala pública marcante. Encerraremos o capítulo discorrendo sobre outros recursos bastante utilizados na oralidade: as figuras de linguagem.

A oralidade no rádio é o tema do Capítulo 5. Compreenderemos as características que o uso da voz adquire nesse meio de comunicação e a função dos profissionais que fazem uso da oralidade em emissoras de rádio. Reservamos o último tópico do capítulo para discutir as características do texto radiofônico.

Por fim, no Capítulo 6, listaremos estratégias para se ter uma boa expressão oral e elencaremos os problemas mais comuns.

Sugeriremos também alguns exercícios para a manutenção da voz e exemplos de *cases* de sucesso.

Na intenção de contribuir para que seu aprendizado seja efetivo, propomos, ao longo dos capítulos, estudos de caso e exercícios de reflexão e revisão relacionados aos assuntos tratados. Trazemos, ainda, dicas práticas para que você aplique em suas falas públicas as ferramentas aqui citadas. Esperamos que esta obra seja um instrumento de reflexão e incentivo para você aprimorar sua expressão oral nos mais variados contextos.

Boa leitura!

Como aproveitar ao máximo este livro

Empregamos nesta obra recursos que visam enriquecer seu aprendizado, facilitar a compreensão dos conteúdos e tornar a leitura mais dinâmica. Conheça a seguir cada uma dessas ferramentas e saiba como estão distribuídas no decorrer deste livro para bem aproveitá-las.

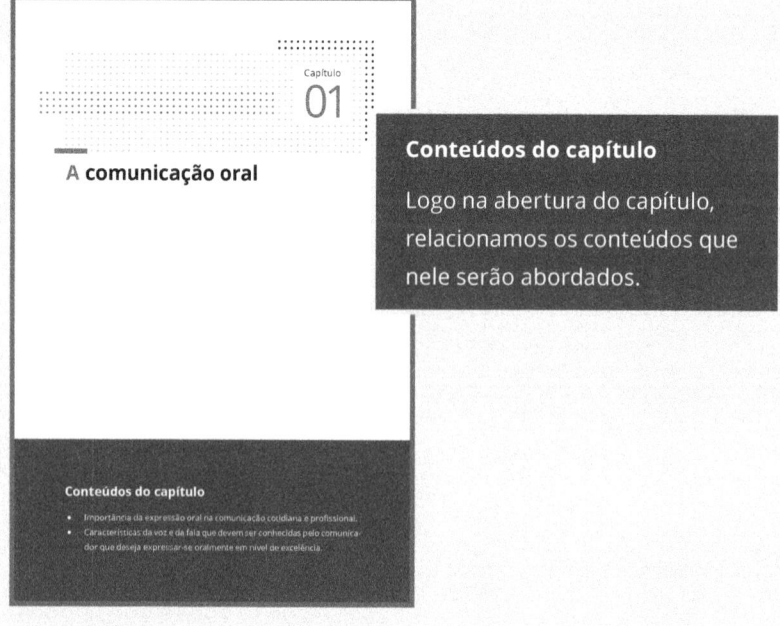

Conteúdos do capítulo

Logo na abertura do capítulo, relacionamos os conteúdos que nele serão abordados.

Após o estudo deste capítulo, você será capaz de:

1. Aprimorar sua expressão oral para uma comunicação profissional.
2. Identificar as características da voz e da fala que podem ser aperfeiçoadas pelo treinamento para atingir a excelência na comunicação oral.

Pense em quantas vezes você fala durante o dia e no número de pessoas que você ouve falando: pessoalmente, na televisão, no rádio e na internet. Agora, imagine um mundo no qual ninguém pudesse falar. Indubitavelmente, haveria evidentes limitações na comunicação humana. A capacidade de expressar-se verbalmente utilizando determinada linguagem, ou seja, a capacidade de expressão oral, é uma característica que coloca o ser humano em uma condição de desenvolvimento superior à das outras espécies. Pela palavra, podemos expressar ideias, conceitos e abstrações. A comunicação oral possibilita a interação entre os falantes da mesma língua, independentemente do grau cultural ou da alfabetização.

A linguagem, uma poderosa ferramenta utilizada na comunicação, inclusive a oral, molda nosso pensamento e é fundamental na constituição de nossa visão de mundo. O principal emprego da linguagem na comunicação humana é a expressão

Após o estudo deste capítulo, você será capaz de:

Antes de iniciarmos nossa abordagem, listamos as habilidades trabalhadas no capítulo e os conhecimentos que você assimilará no decorrer do texto.

Estudo de caso

Em 2013, os jornalistas curitibanos Milena Beduschi e Raphael Moroz publicaram o livro-reportagem *Algemadas*, que trata das consequências do consumo de drogas na família do usuário. Na obra, são narradas as histórias de seis mães que adoeceram por causa da condição dos filhos. Em razão da relevância do tema abordado, os autores foram convidados para palestrar em várias igrejas e escolas, tanto para adolescentes como para familiares de dependentes químicos. Nas primeiras apresentações, apesar de o conteúdo ter sido embasado em teorias e pesquisas científicas atualizadas, não houve uma preocupação por parte dos jornalistas com a adaptação da fala para os diferentes públicos que assistiriam às palestras.

Por perceberem que o público não participava ativamente das palestras e que o número de livros vendidos nos locais era relativamente baixo, eles decidiram repensar a maneira como conduziam as apresentações. Buscaram, então, livros que explorassem estratégias para apresentações em público e descobriram o método Shinyashiki, citado neste capítulo.

O primeiro passo foi definir os objetivos das palestras que ministrariam na sequência: (1) conscientizar o público sobre a importância de compreender o assunto e de buscar ajuda especializada; (2) vender exemplares do livro. Depois, os jornalistas dedicaram várias horas para a reestruturação da palestra de

Estudo de caso

Nesta seção, relatamos situações reais ou fictícias que articulam a perspectiva teórica e o contexto prático da área de conhecimento ou do campo profissional em foco com o propósito de levá-lo a analisar tais problemáticas e a buscar soluções.

Perguntas & respostas

Nesta seção, respondemos a dúvidas frequentes relacionadas aos conteúdos do capítulo.

Como falar em público

Perguntas & respostas

É possível usar mais de um método na mesma apresentação?

Dependendo do assunto a ser abordado, é possível mesclar métodos. A combinação de métodos costuma enriquecer a exposição, já que a deixa mais atrativa e dinâmica. No entanto, é necessário atentar para a duração da apresentação, já que os especialistas no assunto recomendam que ela seja concisa.

O que fazer

- Usar gráficos para revelar dados.
- Construir esquemas lógicos para explicar conceitos e teorias.
- Intercalar dados e aspectos teóricos com exemplos e aplicações práticas.
- Empregar recursos audiovisuais, como cenas de filmes e vídeos para ilustrar a apresentação.

Para saber mais

Sugerimos a leitura de diferentes conteúdos digitais e impressos para que você aprofunde sua aprendizagem e siga buscando conhecimento.

Estilos de expressão oral

Para saber mais

BAGNO, M. A língua de Eulália: novela sociolinguística. São Paulo: Contexto, 1997.

BAGNO, M. Preconceito linguístico: o que é, como se faz. São Paulo: Loyola, 1999.

Essas duas obras de Marcos Bagno tratam de uma questão muito interessante, o preconceito linguístico. As obras abordam os diversos níveis de comunicação oral, mostrando, por exemplo, como ela é eficaz e efetiva, independentemente do conhecimento das regras gramaticais pelos falantes.

Perguntas & respostas

Ao falar para uma plateia desconhecida, qual nível de linguagem um palestrante deve empregar?

O palestrante deve colher todas as informações possíveis sobre sua plateia, pois estas podem contribuir para o sucesso da palestra. De qualquer modo, deve sempre fazer uso correto da língua portuguesa, de acordo com a norma culta. O vocabulário deve ser, a princípio, de conhecimento corrente, evitando-se palavras de uso muito restrito. O bom comunicador é aquele que se faz entender. Portanto, o recomendável é primar por uma linguagem acessível para a plateia.

15 Expressão oral: um guia para você se comunicar bem em diferentes contextos

Síntese

Iniciamos este capítulo com um importante pressuposto: uma boa comunicação oral em nível profissional depende do conhecimento sobre o que se fala. Se o comunicador não tiver conhecimento do tema sobre o qual irá falar, deve realizar uma pesquisa aprofundada do assunto em questão. A exceção a essa regra é o jornalista, que, por tratar de uma imensa gama de temas, não precisa entender de maneira aprofundada os assuntos que apura.

Outro ponto fundamental de uma boa comunicação é o repertório comum entre o comunicador e seu público. Nesse sentido, somam-se dois aspectos importantes: o conteúdo (as informações e os conhecimentos a serem transmitidos) e a forma da comunicação (a linguagem empregada). Quando o assunto é a linguagem utilizada, há uma grande variedade de níveis. Nas comunicações formais – entre as quais encontra-se a escrita – devemos sempre utilizar a norma culta da língua. Por outro lado, na comunicação oral cotidiana essa não é uma exigência.

Diante dos diferentes níveis de linguagem, o comunicador profissional precisa saber qual é o mais adequado para utilizar com cada público. Caso não seja possível obter informações sobre as características da sua audiência, sugerimos seguir um conselho infalível: empregar o português correto, na norma culta, mas com o vocabulário mais corrente possível.

Síntese

Ao final de cada capítulo, relacionamos as principais informações nele abordadas a fim de que você avalie as conclusões a que chegou, confirmando-as ou redefinindo-as.

Estilos de expressão oral

Questões para revisão

1. O domínio da língua é uma instância de poder? Por quê?
2. Pode-se dizer que um brasileiro adulto analfabeto comunica-se adequadamente em português?
3. Leia as assertivas a seguir e assinale a alternativa incorreta:
   a) O jornalista, antes de expressar-se tanto em palestras quanto em matérias e reportagens, precisa conhecer profundamente o tema sobre o qual falará.
   b) Em um debate radiofônico ou televisivo, o debatedor precisa levar em consideração que seu público é quem o vê e o escuta, e não seu(s) opositor(es).
   c) Em apresentações, a linguagem coloquial pode ser empregada desde que esteja em conformidade com a norma culta da língua portuguesa.
   d) Falas públicas formais admitem doses de informalidade e descontração.
   e) Meios de comunicação como o rádio e a televisão podem atrair determinado público em razão da linguagem e do estilo de expressão oral que utilizam.
4. Leia as frases a seguir:
   I) O pressuposto básico de uma boa comunicação oral no nível profissional é ter conhecimento daquilo que se fala.

Questões para revisão

Ao realizar estas atividades, você poderá rever os principais conceitos analisados. Ao final do livro, disponibilizamos as respostas às questões para a verificação de sua aprendizagem.

Estilos de expressão oral

a) I e II.
b) I e III.
c) II e III.
d) I, II e III.
e) III.

Questão para reflexão

1. Que tal enfrentar um desafio? Leia o texto noticioso sobre tema jurídico que apresentamos na Seção 2.4 (se possível, busque a íntegra na internet) quantas vezes forem necessárias até entendê-lo bem. Procure no dicionário as palavras que eventualmente não conhecer, anote o significado delas e registre também alguns sinônimos.

    Quando julgar que alcançou uma compreensão suficiente da notícia, passe para a próxima etapa: imagine que você precisa noticiar o fato relatado no texto para determinada audiência – transformando-o em um texto para ser dito em uma rádio FM com audiência de bom nível cultural. Em seguida, faça o mesmo, tendo plateia hipotética uma turma de estudantes do Ensino Médio. Depois, considere que o texto será lido em um programa popular de uma emissora AM. Por fim, pense que terá de explicar o conteúdo da notícia para uma pessoa não alfabetizada.

Questões para reflexão

Ao propor estas questões, pretendemos estimular sua reflexão crítica sobre temas que ampliam a discussão dos conteúdos tratados no capítulo, contemplando ideias e experiências que podem ser compartilhadas com seus pares.

Capítulo
01

A comunicação oral

Conteúdos do capítulo

- Importância da expressão oral na comunicação cotidiana e profissional.
- Características da voz e da fala que devem ser conhecidas pelo comunicador que deseja expressar-se oralmente em nível de excelência.

Após o estudo deste capítulo, você será capaz de:

1. aprimorar sua expressão oral para uma comunicação profissional;
2. identificar as características da voz e da fala que podem ser aperfeiçoadas pelo treinamento para atingir a excelência na comunicação oral.

Pense em quantas vezes você fala durante o dia e no número de pessoas que você ouve falando: pessoalmente, na televisão, no rádio e na internet. Agora, imagine um mundo no qual ninguém pudesse falar. Indubitavelmente, haveria evidentes limitações na comunicação humana. A capacidade de expressar-se verbalmente utilizando determinada linguagem, ou seja, a capacidade de expressão oral, é uma característica que coloca o ser humano em uma condição de desenvolvimento superior à das outras espécies. Pela palavra, podemos expressar ideias, conceitos e abstrações. A comunicação oral possibilita a interação entre os falantes da mesma língua, independentemente do grau cultural ou da alfabetização.

A linguagem, poderosa ferramenta utilizada na comunicação, inclusive a oral, molda nosso pensamento e é fundamental na constituição de nossa visão de mundo. O principal emprego da linguagem na comunicação humana é a expressão oral, capacidade que possibilitou ao ser humano atingir altos graus de progresso social e tecnológico.[1]

1.1 Comunicação profissional

Para um profissional de comunicação social, como um jornalista, uma boa comunicação oral é imprescindível. Desde o profissional que precisa fazer entrevistas para produzir um texto escrito até o jornalista de rádio, que atinge seu público única e exclusivamente por meio da comunicação oral, passando pelo de televisão, que utiliza voz e imagem. Além do uso específico na comunicação jornalística, é comum que o profissional da área seja convidado a participar de debates e mesas-redondas, não apenas para versar sobre algum tema que se relaciona à sua atuação profissional, mas também para ser mediador em eventos que não são de sua especialidade. Muitos jornalistas também são frequentemente convidados para fazer palestras. Os que ingressam na carreira acadêmica, lecionando em cursos superiores de comunicação ou nos mais variados cursos hoje disponíveis em diferentes plataformas (presenciais e a distância, ao vivo ou gravados) também

---

1 Para entender melhor a força da linguagem, especialmente no seu uso na comunicação oral, assista ao vídeo de uma palestra de Lera Boroditsky no evento TEDWoman 2007 (Boroditsky, 2017).

precisam ter uma comunicação oral adequada para o sucesso nessa atividade.

Em seções específicas deste material, trataremos de técnicas de comunicação oral aplicadas às diferentes situações. Por ora, apresentaremos noções gerais sobre o tema.

1.2
Comunicação cotidiana

Nas situações cotidianas, a grande maioria das pessoas se comunica oralmente sem problema algum. Qualquer pessoa pode se fazer entender quando entra em um ônibus, paga a passagem, pega o troco, pergunta ao cobrador sobre o itinerário e pede informações sobre o ponto no qual deve descer. Também não há problemas, em geral, quando entra em uma padaria, a caminho do trabalho, para pedir o café da manhã. Chegando ao trabalho, conversar com os colegas, pedir orientações ao chefe ou passar tarefas aos subordinados provavelmente não são atividades que causam problemas de comunicação. Isso demonstra que a comunicação oral é corrente, corriqueira e abrangente. Se uma pessoa sem educação formal escolar abordar outra na rua pedindo uma informação, consegue expressar o que deseja e é entendida. A comunicação oral é, nesse sentido, extremamente democrática.

1.3
Comunicador e público

Imagine que você, trabalhando como jornalista em uma emissora de televisão, precisa fazer uma reportagem sobre um novo medicamento e sua ação no organismo. Você tem de pesquisar e entender o tema do qual vai tratar, a fim de deixar a linguagem compreensível para o público em geral. Suponhamos que, para fazer a reportagem, você assista a uma palestra sobre o tema em um congresso de médicos. Certamente, não seria uma tarefa fácil, pois o vocabulário utilizado ali tenderia a ser específico para aquele público. Isso porque comunicações para grupos especializados são elaboradas com um repertório específico, normalmente restrito àquele perfil de participante/ouvinte/espectador. O jornalista que trabalha em um veículo para o público em geral sempre precisa traduzir os conceitos em uma linguagem compreensível para o público não especializado. Por mais que, entre aqueles que se comunicam, haja domínio do código comum (nesse caso, a língua portuguesa falada), a eficácia da comunicação depende do repertório, ou seja, do conjunto de conhecimentos específicos de cada falante. Por isso, é fundamental que o profissional da comunicação procure saber a que público se dirige, buscando adaptar sua fala. Trataremos disso mais detalhadamente a seguir.

1.4
Uso da língua portuguesa

Para um jornalista, a regra de ouro é usar a língua portuguesa corretamente. Entretanto, não basta a correção, é preciso utilizar um padrão de vocabulário corrente e acessível ao público (na Seção 2.4, há um exemplo de texto com vocabulário correto, mas dificilmente acessível a um público não especializado). Na linguagem falada da televisão ou do rádio, veículos que normalmente abrangem um público amplo e variado, convém comunicar-se com palavras de conhecimento comum. O principal objetivo da comunicação é fazer-se entender. Portanto, utilizar vocabulário rebuscado ou encher a fala de palavras pouco comuns ou termos técnicos dificulta a comunicação.

1.5
O aparelho fonador

A comunicação oral é feita com o emprego do aparelho fonador, um conjunto de órgãos e estruturas do corpo humano que emite sons que, controlados pelo falante, produzem o conteúdo da fala. Portanto, para que alguém fale adequadamente, é preciso ter seu aparelho fonador em perfeitas condições. Não cabe nos objetivos desta obra descrever detalhadamente o aparelho fonador, com suas estruturas e órgãos e as funções de cada um[2]. Certamente, cada pessoa é capaz de reconhecer se seu aparelho fonador funciona corretamente.

Se você, ao longo de sua vida, nunca teve qualquer razão para pensar que tenha algum problema no aparelho fonador, é mais provável que não tenha. Se, ao contrário, em alguma ocasião, teve retorno de terceiros ou qualquer outra razão para suspeitar que possa ter alguma deficiência a corrigir, deve procurar os serviços de um profissional especializado.

Para quem pretende utilizar profissionalmente a voz como instrumento principal de comunicação, mesmo que não suspeite ter qualquer problema, é altamente recomendável consultar um fonoaudiólogo para uma avaliação adequada do aparelho fonador e das características da voz. Diversas falhas comuns que atrapalham uma comunicação clara podem ser corrigidas com exercícios indicados por um fonoaudiólogo. Algumas falhas que escapam à própria avaliação (muitas vezes tendente à autocomplacência) podem ser detectadas por um especialista. Ademais, esse profissional pode indicar o caminho para o comunicador

• • • • •

2 Algumas obras especializadas nesse tema que podem ser consultadas:
BEHLAU, M. (Org.). **Voz**: o livro do especialista. Rio de Janeiro: Thieme Revinter, 2001.
COLTON, R. H.; CASPER, J. K. **Compreendendo os problemas da voz**. Porto Alegre: Artmed, 1996.
LEMOS, D. C. H.; ARANDA, F. S. M. **Disfonia**: exercícios práticos e anatomia do aparelho fonador. Rio de Janeiro: Revinter, 1995.
MARCHAL, A.; REIS, C. **Produção da fala**. Belo Horizonte: Ed. da UFMG, 2012.

buscar a excelência no uso de sua voz para seu bom desempenho. E até mesmo quando eventualmente houver algum problema anatômico, o fonoaudiólgo pode apresentar as soluções para a correção, se for possível.

Isso posto, consideremos que a pessoa que utilizará sua voz cotidianamente como elemento primordial para o bom desempenho profissional tem um aparelho fonador sem problemas graves que impossibilitem uma comunicação não apenas adequada, mas no nível de excelência que se requer de um profissional da comunicação.

1.6
Características da voz

Há características específicas da voz de cada um que podem ser mais ou menos adequadas para uma comunicação oral perfeita. Como ouvintes, estamos acostumados a determinados padrões que, se rompidos, podem causar estranhamento e até desconforto, prejudicando a comunicação. Por exemplo, uma voz pode ser mais aguda ou mais grave. Em palavras corriqueiras, quem tem a voz em tom agudo tem a voz fina, e quem tem um tom grave tem a voz grossa. Somos acostumados a ouvir vozes femininas um pouco mais agudas e vozes masculinas um pouco mais graves. Imagine que alguém lhe apresente um homem alto e corpulento e, quando ele começa a falar, sua voz é bastante aguda. Provavelmente, isso lhe causará estranhamento, já que costumeiramente nos habituamos a ouvir vozes masculinas mais graves. O mesmo poderá acontecer no caso de uma mulher que tenha uma voz excessivamente grave (grossa). Para um apresentador de televisão, por exemplo, isso pode ser um problema.

Pense nisso e comece a prestar atenção a todos os apresentadores e repórteres de telejornais e radiojornais, tentando perceber se o tom da voz é agudo ou grave e se a voz lhe causa algum tipo de desconforto. Provavelmente, será difícil encontrar um jornalista nesses meios que esteja em tal situação. Isso se deve exatamente ao fato de que as emissoras evitam vozes que não se enquadrem no padrão ao qual o público está acostumado. Portanto, uma voz considerada agradável geralmente é aquela que não destoa muito do padrão que as pessoas estão habituadas a ouvir.

Se não tem características que a tornem desagradável aos ouvidos comuns, a voz poderá ser utilizada profissionalmente na comunicação. Muitas das características que fazem com que a voz seja agradável podem ser treinadas. O fonoaudiólogo é o profissional especializado que orienta o comunicador nessa tarefa.

É claro que ter uma larga amplitude vocal pode ser vantajoso. Por exemplo, cantores/cantoras capazes de atingir timbres que variem do muito grave ao muito agudo conseguem cantar as mais variadas canções. Entretanto, quando falam, mesmo esses artistas têm seu tom de voz padrão. Se quiser ter uma experiência muito interessante, busque na internet o clipe "A Rainha da Noite – I can get no satisfaction", com dois excelentes cantores, Cássia Eller e Edson Cordeiro, em que Cássia Eller canta em um tom grave, e Cordeiro, em um tom agudíssimo. O inusitado da parceria está exatamente na troca entre os tons que normalmente as pessoas esperariam.

∴ Potência da voz

Outra característica importante da voz que pode ser treinada para se tornar adequada à boa expressão oral é a potência, que pode ser calibrada conforme a situação comunicacional. Falar muito baixo (com uma voz fraca) dificulta a comunicação. É preciso falar em um volume de voz apropriado para a situação. Em uma palestra feita em um auditório sem a utilização de microfone, a voz precisa ter uma potência que seja audível pelas pessoas que estão na última fileira. Por outro lado, quando se utiliza um microfone (o que sempre acontece no rádio e na televisão), não é preciso falar muito alto. A potência média de uma conversa comum é suficiente.

1.7
Sotaques

Uma questão um tanto polêmica é a que envolve os sotaques regionais. Com a popularização da televisão realizada por redes nacionais geralmente sediadas no Rio de Janeiro e em São Paulo, o público acostumou-se a ouvir vozes paulistanas e cariocas. Uma fala sem grandes acentos regionais é buscada como padrão pelas emissoras nacionais, de modo que um apresentador de um telejornal ou radiojornal transmitido em rede nacional dificilmente apresentará um sotaque muito acentuado.

Em uma emissora regional, porém, essa regra não vigora. Um emissora de rádio pernambucana, por exemplo, colocará no ar sem qualquer questionamento uma repórter com o sotaque local típico, e os ouvintes não estranharão.

Não se pretende fazer aqui um juízo de valor quanto aos acentos regionais. Apenas indicamos o fato: emissoras nacionais evitam um sotaque regional acentuado, com base na ideia de que a um receptor paulista ou mato-grossense soaria estranha uma fala com um forte sotaque gaúcho ou baiano, por exemplo – e vice-versa. Entretanto, algumas emissoras noticiosas que trabalham em rede nacional, com jornalistas em diferentes estados, têm em seus quadros profissionais que falam com o natural acento local. Ainda que estes evitem utilizar expressões tipicamente regionais que eventualmente não sejam compreendidas em outros lugares, não se preocupam em esconder o sotaque, o que confere certa riqueza na variedade das falas nessas emissoras.

Imagine, então, que você é um comunicador que foi convidado para fazer uma palestra em uma cidade localizada em outra região do país, onde sua fala natural provavelmente destoará do sotaque local. Nesse caso, a recomendação é falar normalmente, de modo claro, com boa dicção, articulando bem as palavras. O importante é ser bem compreendido!

1.8
Características da fala

Considerando que o comunicador profissional tem as características adequadas de voz, é preciso pensar nas características ligadas à fala, ou seja, ao modo como ele encadeia as palavras na expressão oral. A seguir, tratamos das mais importantes.

∴ Clareza

Na comunicação oral, clareza é essencial, porque a expressão oral deve ser compreensível para o receptor. Para isso, é elemento fundamental a boa dicção, isto é, a articulação completa e devidamente marcada das palavras. Para entender a questão, pense em uma brincadeira comum que se faz com as falas regionais brasileiras. Por exemplo, o habitante de Belo Horizonte que jocosamente diz morar em *Bélzonti*. Um comunicador profissional não pode fazer isso em sua fala. Ele precisa articular claramente todos os sons das palavras, sem muitas elisões (supressões de letras ou sílabas), e pronunciar claramente todas as sílabas.

∴ Velocidade

É preciso dosar a velocidade da fala. Procure observar comunicadores no rádio, na televisão, em aulas e palestras. Tente perceber se suas falas estão muito lentas ou muito rápidas. Grave sua voz lendo um texto e depois ouça a gravação, analisando se a velocidade está adequada.

Uma fala muito lenta pode ser extremamente irritante e, inconscientemente, passar a ideia de insegurança do falante. Ainda mais se a fala é entrecortada por pausas longas. No rádio, por exemplo, não pode haver longos silêncios. Como a audiência é tipicamente rotativa (ou seja, os ouvintes têm por hábito mudar de estação e ouvir diferentes emissoras, em horários variados), uma longa pausa pode ser suficiente para que o ouvinte procure outra emissora. Algumas emissoras usam um artifício para evitar o silêncio completo durante uma pausa excessivamente longa: colocam uma trilha sonora de fundo. Isso evita que o ouvinte passe pelo dial sem ouvir som algum nos segundos em que está mudando de sintonia. De qualquer modo, em programas radiofônicos em geral, devem sempre ser evitadas as pausas longas. No rádio, as pausas devem ser as normais de uma fala contínua. Do mesmo modo, deve ser evitada uma fala excessivamente rápida, que dificulte a compreensão da mensagem por exigir bastante atenção do ouvinte.

É necessário, no entanto, apontar uma exceção: os locutores esportivos. Quem já ouviu a narração radiofônica de uma partida de futebol já teve uma experiência auditiva específica: os narradores falam com uma velocidade muito acima do normal, descrevendo os lances do jogo com extrema rapidez. Pessoas pouco habituadas a essas narrações podem encontrar dificuldade para acompanhá-las.

Essa, entretanto, é uma situação bem específica. Nesse tipo de comunicação, o público ouvinte é acostumado a essas transmissões esportivas e consegue acompanhá-las sem grandes problemas, ainda que isso exija mais atenção. Em outras situações de comunicação, porém, essa velocidade causaria bastante estranhamento. Imagine um apresentador de telejornal falando com a mesma velocidade. Ele dificilmente teria audiência.

∴ Entonação e modulação

Já falamos do tom da voz, que pode ser mais agudo (voz fina) ou mais grave (voz grossa). Entretanto, embora o tom geral possa ser definido como mais grave ou mais agudo, durante a fala, há uma variação de tons. Uma boa comunicação oral tem variações de tonalidade, de modo que o falante naturalmente modifique o tom conforme a palavra. Caso a fala mantenha um tom invariável ou próximo disso, a comunicação será monótona. Isso tende a cansar o ouvinte, deixando-o sonolento.

Além da entonação variada, é importante que a fala tenha modulação, que consiste na variação de ênfase. Quando alguém se comunica, deve enfatizar determinadas palavras importantes da frase. Isso resulta em uma variação agradável, que torna a fala mais rica e, por assim dizer, "colorida". Boa entonação e modulação adequada são características que tornam a fala atraente.

O vídeo indicado no início deste capítulo, de Lera Boroditsky, é um bom exemplo de uma fala bem modulada, com variações interessantes, ainda que a qualidade da voz da palestrante não seja perfeita. O timbre, por vezes um tanto estridente, é compensado com uma boa modulação, que torna a fala bastante atraente. A palestra é em inglês. Um bom exemplo em português pode ser visto em um vídeo, também disponível na internet, em que a cantora Maria Bethânia declama versos de um poema do escritor português Fernando Pessoa ("Cartas de amor são ridículas")[3]. Bethânia demonstra boa dicção, articulando bem as palavras.

Perguntas & respostas

Por que é importante alguém que faz uso profissional da voz consultar um fonoaudiólogo?

O fonoaudiólogo é o profissional especializado na voz. Uma consulta é fundamental para a análise da voz do paciente, de modo a identificar eventuais problemas e buscar soluções. Havendo problemas de fala a corrigir, o fonoaudiólogo poderá indicar tratamento e exercícios específicos para a correção e o aprimoramento da voz e da fala.

Síntese

Neste capítulo, comentamos que a capacidade que o ser humano tem de expressar-se verbalmente utilizando a linguagem o coloca em uma condição de desenvolvimento superior à das outras espécies, pois possibilita que ele atinja altos graus de progresso social e tecnológico. Considerando essa premissa, explicamos,

---

3   Disponível em: <https://www.revistaprosaversoearte.com/todas-as-cartas-de-amor-sao-ridiculas-alvaro-de-campos-fernando-pessoa/>. Acesso em: 21 ago. 2019.

inicialmente, que a amplitude da comunicação depende do repertório de cada falante. Por isso, é fundamental que o profissional de comunicação saiba a que público se dirige para adaptar sua fala.

Em seguida, tratamos das características específicas que podem ser mais ou menos adequadas para uma comunicação oral perfeita. Um exemplo são vozes mais agudas (geralmente associadas a mulheres) ou graves (mais comuns em homens). Essa classificação pauta, inclusive, as emissoras de rádio e televisão, que costumam evitar vozes que fujam muito do padrão ao qual estamos acostumados. Outra característica importante da voz é a potência, que deve ser adequada à situação comunicacional.

Além das características naturais da voz, o comunicador profissional deve estar atento às características ligadas à fala. Por meio da definição de conceitos e de exemplos em vídeo citados ao longo do capítulo, demonstramos que essas características são a clareza, a dicção, a velocidade, a entonação e a modulação.

Questões para revisão

1. O que é repertório e qual é sua importância na comunicação?

2. Para que uma pessoa possa fazer um bom uso profissional da voz, basta que tenha uma voz agradável? Justifique.

3. Analise as frases a seguir e indique se são verdadeiras (V) ou falsas (F):

( ) A pessoa que deseja trabalhar profissionalmente com a voz deve submeter-se a uma avaliação de um fonoaudiólogo para conhecer melhor as características da própria voz e identificar eventuais problemas na fala.

( ) Para ter uma comunicação oral em nível de excelência no desempenho profissional, basta que a pessoa tenha uma voz naturalmente agradável.

( ) No rádio, o comunicador deve fazer o possível para imprimir maior velocidade à fala e economizar o custoso tempo da emissora.

( ) Clareza, dicção, entonação e modulação podem ser treinadas e aprimoradas para a melhora da expressão oral.

( ) A eficácia da comunicação depende da existência de um repertório comum entre emissor e receptor.

Agora, assinale a alternativa que apresenta a sequência correta de preenchimento dos parênteses:

a) V, F, F, F, V.
b) F, V, V, V, F.
c) V, V, F, F, V.
d) V, F, F, V, V.
e) F, F, F, V, V.

4. No que diz respeito às características da voz, assinale a alternativa **incorreta**:

   a) É difícil encontrar em emissoras de televisão e rádio apresentadores e repórteres cuja voz esteja fora do padrão a que estamos acostumados – homens com voz grave e mulheres com voz aguda.

   b) Uma voz considerada agradável pode ser alcançada por meio de treinamento com um profissional de fonoaudiologia.

   c) Em apresentações públicas, a regra é falar sempre o mais alto possível.

   d) Emissoras de abrangência nacional costumam evitar apresentadores e repórteres com sotaques regionais acentuados.

   e) Independentemente de se ter ou não um sotaque acentuado, uma boa dicção é fundamental em apresentações públicas.

5. Leia as afirmações a seguir, relacionadas às características da fala:

   I) Em regiões com sotaques mais acentuados, a supressão de letras ou sílabas em apresentações não prejudica a compreensão por parte do público.

II) No rádio, não é recomendado que as locuções tenham pausas longas.

III) Uma comunicação atrativa depende, entre outros fatores, da ênfase vocal dada a palavras de destaque.

Agora, assinale a alternativa que lista todas as afirmativas corretas:

a) I e II.
b) I e III.
c) II e III.
d) II.
e) I, II e III.

Questão para reflexão

1. Sintonize uma emissora de rádio que transmita um radiojornal e ouça as notícias e entrevistas, procurando identificar, em cada voz, suas principais características, avaliando a qualidade da voz e da fala. Você pode fazer isso também ouvindo algum arquivo de áudio na internet, mas que tenha apenas som, sem imagens. Para isso, há na rede inúmeros *sites* com *podcasts* (como são chamados certos arquivos digitais de

áudio divulgados na internet)[4]. Escutando com atenção e avaliando, você treinará seu ouvido para identificar os problemas na voz e na fala e poderá evitá-los.

---

[4] Há várias indicações interessantes no texto: "20 *podcasts* que você precisa ouvir!", de Mauro Segura. Disponivel em: <http://www.meioemensagem.com.br/home/opiniao/2016/10/20/20-podcasts-que-voce-precisa-ouvir.html>. Acesso em: 21 ago. 2019.

Capítulo
02

Estilos de expressão oral

Conteúdos do capítulo

- A importância de conhecer o público e a audiência a que a fala se destina.
- A linguagem como instrumento de poder na comunicação.
- Os níveis de linguagem na expressão oral.

Após o estudo deste capítulo, você será capaz de:

1. adaptar sua fala reconhecendo a importância de identificar o público ou a audiência;
2. escolher o nível de linguagem adequado de acordo com o objetivo da comunicação.

Quando um profissional se dirige a determinado público, a primeira coisa que precisa fazer é informar-se sobre a audiência. No caso de uma palestra com tema e plateia predefinidos, o comunicador tem uma ideia prévia. Suponhamos, por exemplo, que um comunicador foi convidado para falar sobre a importância das redes sociais a um grupo de políticos e assessores. O perfil do público e seu interesse são dados específicos que facilitam ao palestrante adequar sua comunicação ao nível e aos interesses da plateia.

2.1
Conhecer o tema

O pressuposto básico de uma boa comunicação oral no nível profissional é ter conhecimento daquilo que se fala. Esse conhecimento é prévio à comunicação. Se você não conhece suficientemente um assunto para discorrer sobre ele, não deve arriscar-se a falar em uma situação de comunicação profissional sem realizar antes uma pesquisa aprofundada. Essa regra aplica-se a aulas e palestras – para as quais o profissional é convidado exatamente porque se supõe que conheça o tema sobre o qual tratará. São situações bem específicas e claras para o comunicador que é incumbido de fazer uma comunicação profissional a determinado público.

Entretanto, essa não é uma regra aplicável sempre ao jornalista encarregado de levantar uma informação, elaborar uma matéria jornalística e fazer uma reportagem. Uma frase anedótica que se costuma repetir entre os jornalistas diz que "o jornalista não sabe tudo, mas conhece quem sabe". Essa afirmação indica que o jornalista, por tratar de uma gama infindável de temas, os mais variados, não precisa entender de maneira aprofundada tudo aquilo a respeito do que irá produzir em um trabalho jornalístico. Afinal, seu papel é apurar a informação e, para isso, ele aprende, na faculdade, a identificar e buscar as fontes adequadas e entrevistá-las de modo a produzir seu trabalho. No tempo restrito de uma matéria para um telejornal ou radiojornal, o repórter não precisa ter conhecimento prévio do tema. Seu dever é apurar a informação adequadamente para passá-la ao público de modo compreensível. Com base na apuração das informações, ele terá conhecimento suficiente para elaborar a matéria. Nesse processo, o fundamental é que o jornalista seja capaz de transformar os dados que apurou em uma comunicação clara para o público.

2.2 Quando o estilo de comunicação cria o público

A questão é: Como comunicar-se adequadamente com um público cujo perfil não se conhece? Quando se trata de uma palestra ou de uma aula, o comunicador tem noção das características gerais da plateia. Já no caso dos veículos de comunicação de massa, como o rádio e a televisão, não é tão simples identificar as características do público-alvo. A realidade é que, nos meios de comunicação, esse conhecimento do público é muito mais suposto do que cientificamente fundamentado. As emissoras de rádio e televisão que fazem pesquisas regulares para conhecer quem é seu público utilizam essas pesquisas especialmente para efeitos publicitários, identificando os perfis de audiência (levantando dados como sexo, idade, escolaridade e faixa de renda), mas raramente com uma apuração específica sobre as preferências de seu público. Ocorre, assim, um movimento inverso: o modo de comunicação é que determina o público.

Explicando melhor: um programa jornalístico que utilize determinada linguagem e certo estilo de expressão oral atrairá um público que se identifique com essas características. Aliás, não apenas jornalístico. Pensemos, por exemplo, em um programa matinal em uma rádio AM de uma capital. Se o apresentador se comunicar em uma linguagem simples, utilizando um estilo bastante informal, conversado, com linguagem popular, atrairá e fixará um público que se identifica com essa forma de comunicação.

Durante muito tempo, essa foi, inclusive, uma característica que diferenciava programas das rádios AM e FM. Os comunicadores das rádios AM tendiam a utilizar uma linguagem simples, corrente, dialogada, dirigida a um público de camadas populares, de uma faixa de renda e de escolaridade mais baixas. Já os profissionais das rádios FM, ao contrário, mantinham uma linguagem mais formal, com vocabulário e construções textuais voltadas para pessoas de maior escolaridade e renda.

Faça um exercício interessante: no início da manhã, ligue o rádio e transite por diferentes estações do dial, em AM e FM, e pare alguns minutos em cada emissora cuja grade tenha programas que não sejam exclusivamente musicais. Analise o estilo da comunicação de cada uma, procurando observar o nível de linguagem, a maior ou a menor formalidade e o tom de conversa ou de simples transmissão unidirecional de uma mensagem. Hoje, essa distinção entre as rádios AM e FM tende gradativamente a diminuir. A informalidade é cada vez maior também na programação das rádios FM.

2.3
A situação de comunicação

Para o comunicador que pretende trabalhar em uma emissora de rádio ou televisão, é importante, desde o início, inteirar-se do estilo de comunicação utilizado na emissora e em cada programa específico. Esse estilo também varia na programação de uma mesma emissora, que pode ter alterações significativas em sua grade. Por exemplo, pode haver um programa informativo no início da manhã, com notícias emitidas em uma linguagem mais formal e vocabulário próprio de pessoas mais escolarizadas; depois, um programa que misture informação e entretenimento, cujo apresentador fale como se dialogasse com o ouvinte/espectador e, algumas vezes, efetivamente converse com ele, ao vivo, por telefone. A linguagem pode ser bastante popular e, a comunicação, informal.

O fato é que cada emissora de rádio ou televisão trabalha com determinados padrões. Se o comunicador profissional pretende mudar de veículo – ou se estiver começando uma emissora ou um canal de comunicação na internet –, precisa definir quem é seu público (o que é possível descobrir por meio de pesquisas) ou qual é o público que deseja atrair. Nesse caso, a escolha do estilo de comunicação condicionará o público a ser formado.

2.4
Repertório

Um ponto fundamental da boa comunicação é a existência de um repertório[1] comum entre o comunicador e o público. Para esclarecermos o que é repertório, analise o seguinte trecho de uma matéria jornalística publicada no *site* UOL:

"Toda a digressão que foi feita tem como propósito sobrelevar a inconcebível inércia da administração pública em cumprir a decisão judicial proferida por este Superior Tribunal, ainda em 1993. É absolutamente injustificável, independentemente de por qual prisma sejam encarados tais fatos, que uma decisão mandamental, que impõe uma obrigação de fazer à União, encontre tamanha resistência em seu cumprimento, mesmo passados mais de 20 anos do trânsito em julgado", afirmou Schietti.

Segundo o ministro, após o provimento judicial, devem ser repudiados atos nitidamente procrastinatórios que impeçam a efetividade da atuação judicial, sob pena de tornar o Judiciário um poder inócuo, sobretudo nos casos em que a resistência

---

1 O termo *repertório* é utilizado aqui como o conjunto de palavras e conhecimentos compartilhados por um grupo.

ao comando judicial advém do próprio poder público – a quem, lembrou Schietti, incumbe zelar pelo sistema de Justiça.

Schietti destacou que o processo executivo movido contra ou a favor de qualquer ente público deve observar, de forma harmônica, os princípios da celeridade e da efetividade, evitando o prolongamento desnecessário da atuação jurisdicional. (Teixeira; Vassallo, 2018)

Essa matéria foi publicada pelo maior portal de notícias brasileiro, na editoria "Últimas". Ou seja, na data de sua publicação, foi uma das notícias de destaque.

Quantas pessoas são capazes de ler e compreender esse texto, que trata de uma decisão do ministro do Superior Tribunal de Justiça (STF) Rogerio Schietti Cruz? A matéria cita trechos entre aspas, atribuídos ao ministro. Ele usa uma linguagem tipicamente jurídica, com diversas palavras que não são utilizadas em uma conversação comum, inclusive entre pessoas com alto domínio do idioma e largo conhecimento vocabular. E, mesmo em partes que não estão entre aspas, a redação também emprega termos pouco usuais.

Aqui, juntam-se dois aspectos importantes: o da forma e o do conteúdo. O conteúdo do texto trata de um tema especializado, de uma área profissional específica: o direito. No que diz respeito à forma, os profissionais dessa área costumam comunicar-se com determinada linguagem, cheia de termos técnicos e palavras que não são de uso corrente fora do contexto dessa comunicação. E isso não apenas no que se refere a termos técnicos, mas, sobretudo, a palavras que certamente poderiam ser substituídas por outras facilmente compreensíveis por um número muito maior de pessoas.

2.5
A linguagem como poder

A linguagem é uma instância de poder. Dominar determinado código linguístico acessível a poucos concede poder. O conhecimento do restrito código do direito, por exemplo, dá a seus detentores o poder de atuar e decidir acerca de questões legais, além de criar uma dependência das pessoas que não têm esse domínio em relação ao grupo que o tem.

Citamos o mundo jurídico porque é aquele em que essa questão aparece com bastante evidência e, especialmente, por estar além do simples conhecimento técnico do direito (no texto citado, por exemplo, o vocabulário rebuscado é tecnicamente desnecessário no que toca à questão jurídica, que demandaria alguns termos específicos do direito, mas muito menos do que as palavras nada correntes nele utilizadas), mas é claro que isso se dá em outros campos. Por exemplo, no mundo da criminalidade, entre traficantes de drogas, há um jargão compreendido somente por aqueles que fazem parte daquela realidade. Essa questão pode ser entendida facilmente se pensarmos em diferentes línguas. Se um palestrante brasileiro é convidado para falar a uma plateia de chineses, ele não será compreendido falando em português. Precisará de tradução simultânea ou terá de saber chinês para expressar-se. Só haverá comunicação se houver um repertório comum. O domínio do mesmo código (como a língua falada, nesse caso) é um repertório básico. Além disso, dentro do código há diferentes níveis de repertório. Portanto, é importante que o comunicador utilize um repertório o mais próximo possível de seu público.

2.6
Níveis de linguagem

Todos nós, falantes da língua portuguesa, nos comunicamos cotidianamente sem grandes problemas em nossa língua materna. Entretanto, de acordo com a situação comunicacional, utilizamos diferentes níveis de linguagem, com repertórios mais ou menos restritos.

Pense em uma pessoa que tenha várias conversas ao longo do dia, com as mais variadas pessoas. Imagine um médico que acorda cedo para ir ao trabalho. Durante o café da manhã, conversa com o filho de 12 anos sobre a partida de futebol do fim de semana. O vocabulário será compreensível para uma criança dessa idade. E se ambos forem torcedores habituais de futebol, acostumados a acompanhar as partidas, utilizarão um repertório específico relacionado a esse esporte. Poderão, por exemplo, comentar que o artilheiro do time é o centroavante, que tem sido bem servido pelo armador. E que, no lance que originou o escanteio do qual saiu o gol, havia um jogador impedido, mas o bandeirinha não viu. Esse diálogo, que certamente é corriqueiro para muitas pessoas, poderá ser incompreensível para quem nunca se interessou por futebol.

Antes de sair, conversa com uma pessoa de baixa escolaridade que, no entanto, irá comunicar-se perfeitamente com ele, sem qualquer problema, para tratar de assuntos de interesse comum.

O médico segue, então, para o centro de saúde no qual trabalha pela manhã, em um bairro pobre da periferia. Atendendo os pacientes, ouvirá suas queixas, perguntará, fará os diagnósticos e explicará a cada um qual é seu problema de saúde, quais remédios deverá tomar e qual deverá ser o tratamento. E todos, provavelmente, entenderão sem grandes dificuldades. À tarde, em um centro cirúrgico, conversará com outros médicos, enfermeiros e instrumentadores durante uma cirurgia – empregando um vocabulário técnico que faz parte de um repertório comum aos profissionais da área, de modo que poderão fazer a mais complicada cirurgia sem que o problema seja de comunicação. À noite, o cirurgião segue para um congresso médico, no qual exporá os resultados de uma pesquisa que realizou em um campo pouco explorado da medicina. A palestra terá um conteúdo eminentemente técnico, de determinada área bastante restrita da medicina, que interessa ao público específico da sua palestra, afeito ao repertório ligado ao tema. Por fim, antes de dormir, após conversar com a esposa – talvez empregando um ou outro termo de um repertório restrito só a eles, que só os dois compreenderão, pela experiência de vida em comum – lerá um capítulo de um romance, um texto literário escrito em um nível de linguagem diferente de todas as conversas que ele teve no dia. E, nesse caso, trata-se de outro código: o da língua escrita, que é diferente do código da língua falada.

Muitas outras situações comunicacionais poderiam ser imaginadas, indefinidamente: ele ouvindo rádio, assistindo ao telejornal, conversando com um motorista de táxi, falando com o dono do hospital sobre assuntos administrativos etc. Em cada situação, aquele que se comunica tem uma noção intuitiva, vinda da prática, que lhe permite utilizar o nível de linguagem adequado e o repertório que tem em comum com aqueles com os quais se comunica.

No rico universo da língua portuguesa, há uma grande variedade de níveis de linguagem. Nas comunicações formais, devemos sempre utilizar a chamada *norma culta* da língua, ou seja, aquela que respeita as regras gramaticais e sintáticas consideradas corretas. É a que aprendemos na escola, com todo um conjunto de regras tidas como as adequadas para uma comunicação oficial. Esse é um dos níveis de linguagem, que, por exemplo, nos concursos públicos, é cobrado como o único aceito e qualificado como correto.

A seguir, apresentamos o exemplo de um texto escrito de comunicação empresarial formal que utiliza a norma culta:

> O presente comunicado tem por objetivo anunciar a todos os colaboradores da empresa que o Sr. José da Silva assumirá a gerência de vendas a partir de janeiro próximo.

Em uma conversa com os funcionários da empresa, o diretor poderia transmitir a mesma mensagem utilizando linguagem informal, conforme o exemplo a seguir:

> Pessoal, uma novidade: o Zé será promovido a gerente de vendas a partir do mês que vem.

As duas mensagens, em níveis diferentes e em situações de comunicação diversas, transmitiriam as mesmas informações e certamente seriam perfeitamente compreendidas pelo público-alvo.

Quem pretende trabalhar com assessoria de imprensa também precisa conhecer os níveis de linguagem existentes, pois uma das atribuições mais importantes do profissional dessa área é preparar[2] o cliente – seja ele o diretor de uma grande empresa, seja um profissional autônomo – para se comunicar com a imprensa. Essa preparação envolve, principalmente, o conhecimento da dinâmica das redações jornalísticas e da linguagem empregada pelos diferentes veículos de comunicação e o uso de técnicas de expressão oral (as quais serão apresentadas nos próximos capítulos).

A Constituição Federal de 1988 (Brasil, 1988) define, em seu art. 13, que "A língua portuguesa é o idioma oficial da República Federativa do Brasil". Além disso, o parágrafo 2º do art. 210 da Constituição Federal diz que "o ensino fundamental regular será ministrado em língua portuguesa, assegurada às comunidades indígenas também a utilização de suas línguas maternas e processos próprios de aprendizagem". Há, ainda, previsão legal (no Decreto n. 5.626, de 22 de dezembro de 2005) relacionada ao ensino de outra língua no país, a Língua Brasileira de Sinais (Libras), para a comunicação com pessoas surdas.

---

2   Essa preparação é feita por meio do *media training* (treinamento de porta-vozes).

Os acordos ortográficos assinados pelo Brasil também constituem uma legislação específica relacionada à língua portuguesa. No mais, não há uma definição legal do que seja certo ou errado no uso do idioma. A língua é um ente vivo e cambiante, que muda constantemente conforme o uso que lhe dão os falantes.

Como, então, se define o padrão considerado correto no uso da norma culta do idioma em nível formal? Basicamente, pelo trabalho de estudiosos da área, que escrevem tratados com base na descrição e análise da língua utilizada especialmente pelos escritores de literatura. Entretanto, embora esse seja o padrão utilizado na comunicação escrita formal (em documentos oficiais, textos científicos, livros etc.), não é o mesmo que se emprega na linguagem oral corrente. A comunicação escrita e a oral utilizam códigos diferentes e linguagens diversas. Alguém que precise escrever uma carta de apresentação solicitando emprego em uma empresa certamente não utiliza a mesma linguagem que empregaria se falasse pessoalmente. Ensina-se na escola, por exemplo, que na escrita é errado empregar a próclise pronominal no início da frase. Se, em um concurso público no qual o candidato deve assinalar uma alternativa errada aparecer a frase "Me dê aquele caderno.", é muito provável que essa alternativa seja a errada, pois segundo a gramática normativa o correto seria "Dê-me aquele caderno.". Ora, a quase totalidade das pessoas, em uma comunicação oral corrente, não usaria essa construção.

Esse é apenas um exemplo, entre infinitos outros que poderiam ser citados para demonstrar que, na comunicação oral cotidiana, não se utiliza a mesma linguagem de uma comunicação escrita formal. Portanto, a expressão oral é diferente da expressão escrita. Retomemos o exemplo hipotético do médico que conversa com diversas pessoas ao longo do dia, em situações de comunicação variadas. Ele utiliza níveis de linguagem diferentes, conforme seus interlocutores. Caso o médico precise falar com alguém que não conhece, a situação comunicacional lhe fornecerá pistas que o farão perceber, também intuitivamente, o nível mais adequado. Por exemplo: para pedir uma *pizza* pelo telefone, ele usará um nível de linguagem diferente daquele que empregaria para falar com um advogado sobre uma causa.

2.7
Adaptar-se ao público

Como a adaptação do nível de linguagem se dá para um comunicador profissional? O profissional deve saber qual é o nível mais adequado a ser utilizado com cada público. E não apenas por intuição, mas também pela prática (que, no seu caso, será muito mais consciente do que a do médico, que não é necessariamente um profissional da comunicação). E também porque, por dever de ofício, deve sempre informar-se o melhor possível sobre as características de sua audiência, seja em uma palestra ou aula, seja em uma emissão radiofônica ou televisiva (aprofundaremos esse tema no próximo capítulo). Na dúvida, convém repetir sempre o conselho infalível: utilize o português correto, na norma culta, mas com o vocabulário mais corrente possível.

Um comunicador experiente, mesmo em situações formais, como uma palestra para advogados sobre as características atuais da mídia, sabe usar certa dose de informalidade e descontração que pode tornar sua fala mais atraente. Em uma situação de comunicação informal – imaginemos a apresentação de um programa de entrevista em uma rádio AM de audiência popular massiva –, o tom de conversa ajuda a aproximar o ouvinte.

Convém lembrar uma situação específica com a qual um comunicador profissional pode deparar-se: um debate. Seja diante de uma plateia fisicamente presente, seja na televisão ou no rádio, o comunicador deve ter em mente que seu ouvinte não é aquela pessoa que está defendendo posições iguais ou opostas à sua. Em qualquer debate público, o bom debatedor procura convencer o público e não seu opositor. Portanto, o nível de linguagem a utilizar não deve ser medido pelo interlocutor imediato, mas pela audiência. Isso aumentará consideravelmente as chances de sucesso em um debate em relação àquilo que não se restringe à qualidade dos argumentos. Em debates políticos, por exemplo, se sairá melhor o candidato que falar para o eleitor e não para seu concorrente.

Para saber mais

BAGNO, M. A língua de Eulália: novela sociolinguística. São Paulo: Contexto, 1997.

BAGNO, M. Preconceito linguístico: o que é, como se faz. São Paulo: Loyola, 1999.

Essas duas obras de Marcos Bagno tratam de uma questão muito interessante, o preconceito linguístico. As obras abordam os diversos níveis de comunicação oral, mostrando, por exemplo, como ela é eficaz e efetiva, independentemente do conhecimento das regras gramaticais pelos falantes.

Perguntas & respostas

Ao falar para uma plateia desconhecida, qual nível de linguagem um palestrante deve empregar?

O palestrante deve colher todas as informações possíveis sobre sua plateia, pois estas podem contribuir para o sucesso da palestra. De qualquer modo, deve sempre fazer uso correto da língua portuguesa, de acordo com a norma culta. O vocabulário deve ser, a princípio, de conhecimento corrente, evitando-se palavras de uso muito restrito. O bom comunicador é aquele que se faz entender. Portanto, o recomendável é primar por uma linguagem acessível para a plateia.

Síntese

Iniciamos este capítulo com um importante pressuposto: uma boa comunicação oral em nível profissional depende do conhecimento sobre o que se fala. Se o comunicador não tiver conhecimento do tema sobre o qual irá falar, deve realizar uma pesquisa aprofundada sobre o assunto em questão. A exceção a essa regra é o jornalista, que, por tratar de uma imensa gama de temas, não precisa entender de maneira aprofundada os assuntos que apura.

Outro ponto fundamental de uma boa comunicação é o repertório comum entre o comunicador e seu público. Nesse sentido, somam-se dois aspectos importantes: o conteúdo (as informações e os conhecimentos a serem transmitidos) e a forma da comunicação (a linguagem empregada). Quando o assunto é a linguagem utilizada, há uma grande variedade de níveis. Nas comunicações formais – entre as quais encontra-se a escrita – devemos sempre utilizar a norma culta da língua. Por outro lado, na comunicação oral cotidiana essa não é uma exigência.

Diante dos diferentes níveis de linguagem, o comunicador profissional precisa saber qual é o mais adequado para utilizar com cada público. Caso não seja possível obter informações sobre as características da sua audiência, sugerimos seguir um conselho infalível: empregar o português correto, na norma culta, mas com o vocabulário mais corrente possível.

Questões para revisão

1. O domínio da língua é uma instância de poder? Por quê?

2. Pode-se dizer que um brasileiro adulto analfabeto comunica-se adequadamente em português?

3. Leia as assertivas a seguir e assinale a alternativa **incorreta**:

    a) O jornalista, antes de expressar-se tanto em palestras quanto em matérias e reportagens, precisa conhecer profundamente o tema sobre o qual falará.

    b) Em um debate radiofônico ou televisivo, o debatedor precisa levar em consideração que seu público é quem o vê e o escuta, e não seu(s) opositor(es).

    c) Em apresentações, a linguagem coloquial pode ser empregada, desde que esteja em conformidade com a norma culta da língua portuguesa.

    d) Falas públicas formais admitem doses de informalidade e descontração.

    e) Meios de comunicação como o rádio e a televisão podem atrair determinado público em razão da linguagem e do estilo de expressão oral que utilizam.

4. Leia as frases a seguir:

    I) O pressuposto básico de uma boa comunicação oral no nível profissional é ter conhecimento daquilo que se fala.

II) Um programa jornalístico que utilize determinada linguagem e certo estilo de expressão oral tenderá a atrair um público que se identifique com essas características.

III) Nas comunicações formais, deve-se respeitar a norma culta da língua.

Agora, assinale a alternativa que lista todas as afirmativas corretas:

a) I e II.
b) I e III.
c) II e III.
d) I, II e III.
e) III.

5. Analise as proposições a seguir:

I) A língua é um ente vivo e cambiante, que muda constantemente conforme o uso que fazem os falantes.

II) A frase "Me dê aquele caderno" pode ser considerada adequada, dependendo da situação comunicacional.

III) A comunicação oral requer a mesma linguagem empregada em uma comunicação escrita.

Agora, assinale a alternativa que lista todas as afirmativas corretas:

a) I e II.
b) I e III.
c) II e III.
d) I, II e III.
e) III.

Questão para reflexão

1. Que tal enfrentar um desafio? Leia o texto noticioso sobre tema jurídico que apresentamos na Seção 2.4 (se possível, busque a íntegra na internet) quantas vezes forem necessárias até entendê-lo bem. Procure no dicionário as palavras que eventualmente não conhecer, anote o significado delas e registre também alguns sinônimos.

Quando julgar que alcançou uma compreensão suficiente da notícia, passe para a próxima etapa: imagine que você precisa noticiar o fato relatado no texto para determinada audiência – transformando-o em um texto para ser dito em uma rádio FM com audiência de bom nível cultural. Em seguida, faça o mesmo, tendo como plateia hipotética uma turma de estudantes do Ensino Médio. Depois, considere que o texto será lido em um programa popular de uma emissora AM. Por fim, pense que terá de explicar o conteúdo da notícia para uma pessoa não alfabetizada.

Você também pode considerar diferentes interlocutores, entre eles pessoas e públicos reais que você conheça e que estejam ao seu alcance. Se quiser, teste na prática: tente explicar o texto para diferentes plateias, incluindo amigos e parentes. Se esse texto for muito distante de suas referências, pode usar outro com grau de complexidade pelo menos tão alto quanto o deste, mas que seja de uma área de conhecimento que você domine. Você poderá, então, colocar à prova sua capacidade de perceber o nível de linguagem que pode utilizar com cada interlocutor para ser compreendido. E, provavelmente, concluirá que uma exposição em linguagem mais simples, utilizando termos corriqueiros, será bem-sucedida para qualquer dos públicos ou interlocutores. Você só deverá utilizar um nível de linguagem mais complexo quando tiver certeza de que seus ouvintes compreenderão bem sua fala.

Capítulo
03

Como falar em público

Conteúdos do capítulo

- Definição de retórica e seu contexto de surgimento.
- Planejamento e embasamento de uma apresentação.
- Fases de uma fala pública.

Após o estudo deste capítulo, você será capaz de:

1. relatar como foi o contexto de surgimento da retórica e identificar suas implicações no estudo da expressão oral;
2. reconhecer as fases de uma fala pública e planejar sua apresentação considerando o público-alvo e os objetivos de comunicação.

Para iniciarmos este capítulo, fazemos a você o convite para realizar um exercício mental. Lembre-se de sua época de escola, mais especificamente das apresentações de trabalho em grupo. O que você sentia minutos antes de expor sua parte do trabalho? Se sua resposta a essa pergunta for *frio na barriga*, *ansiedade* ou *medo*, você é como a maioria das pessoas. Falar em público costuma ser algo intimidante. Um estudo realizado com 3 mil pessoas (Falar..., 2017) pelo jornal britânico *Sunday Times* em 2015 revelou que o receio de falar em público é o maior medo dos participantes da pesquisa (41%), ficando à frente até mesmo do medo de ser acometido por doenças (19%) e do medo de morrer (19%).

Sempre que alguém fala em público, seja para apresentar um trabalho acadêmico, seja para palestrar sobre determinado assunto, é comum se sentir exposto e julgado. De fato, o julgamento é inevitável; se é assim, é preferível que ele seja o mais positivo possível. Por essa razão, neste capítulo, explicaremos como elaborar uma fala pública em seus mais diversos aspectos, desde o conteúdo até a forma da exposição, de modo que ela seja bem executada e avaliada.

3.1
A retórica

Antes de apresentarmos os elementos da exposição oral pública, é importante tratarmos do contexto de surgimento da retórica, a arte de falar bem. A origem da retórica remonta ao século V a.c. e inicialmente envolvia um conjunto de técnicas que regravam a organização do discurso, levando em conta os objetivos a serem atingidos. Por meio dela, os políticos, os generais e os filósofos pretendiam dominar a linguagem verbal (Vanoye, 2007).

Além de consistir em um conjunto de técnicas para a produção de discursos, a retórica auxilia na análise do discurso[1]. Por meio de seus preceitos teóricos, é possível, por exemplo, analisar as mensagens emitidas pelos meios de comunicação de massa, evidenciando os sistemas de significações embricados nessas mensagens (Vanoye, 2007). Você já deve ter lido artigos científicos cujos autores pretendiam analisar programas de televisão

---

1 A análise do discurso é um método científico que permite investigar discursos com o objetivo de verificar as intenções e significações subjacentes a eles. Esse método é bastante utilizado em pesquisas de comunicação, como aquelas que visam analisar artigos e matérias de jornais.

ou de rádio, não é mesmo? Provavelmente, o estudo da retórica foi bastante útil para esses pesquisadores enquanto eles produziam seus trabalhos.

A retórica divide a organização do discurso em quatro fases: na primeira, costuma-se formular os argumentos que serão utilizados. Na segunda fase, esses argumentos são dispostos em uma ordem que deve levar em consideração o objetivo do discurso. Esse objetivo pode ser, por exemplo, informar, demonstrar, convencer ou emocionar o público. Na terceira fase, é necessário definir o modo de apresentação dos argumentos por meio do emprego de figuras de linguagem[2]. A última fase consiste em se pronunciar para o público, utilizando uma série de recursos vocais e gestuais (Vanoye, 2007). Detalharemos cada fase da elaboração do discurso na Seção 3.3.

3.2
Planejamento da apresentação

Qual seria a primeira etapa de uma boa apresentação? Se você pensa que uma fala pública deve começar pela elaboração dos *slides*, está enganado! Uma boa apresentação começa sempre com a definição de um objetivo.

- - - - -

2   As figuras de linguagem são os ornamentos do discurso. Por meio delas, podemos criar uma linguagem nova para expressar algo corriqueiro (Vanoye, 2007). Aprofundaremos esse assunto no próximo capítulo.

Confira algumas perguntas que ajudarão a definir o objetivo de sua apresentação:

- O que você pretende que sua fala desperte no público?
- Qual é o propósito de sua apresentação?
- Que atitude você deseja que seu público tome após sua fala?
- O que ele vai levar para casa depois da apresentação?

Suponha que você esteja em um congresso de comunicação para apresentar um artigo científico sobre a forma como as mulheres empreendedoras são representadas nos telejornais do seu estado. Seu objetivo, nesse caso, é expor os resultados de sua pesquisa, informando e atualizando o público sobre o tema em questão. Imaginemos outra situação: você – já graduado em Comunicação Social e atuando há alguns anos como consultor empresarial – é contratado por uma organização para ministrar um *workshop* sobre comunicação interpessoal. Você é informado de que a empresa contratante enfrenta algumas dificuldades, pois a comunicação truncada e ineficaz entre os gestores e subordinados tem prejudicado os resultados financeiros. Ciente dessa informação, você precisaria estruturar o *workshop* com o intuito de ensinar os colaboradores da organização a se comunicar de maneira mais assertiva e eficaz. Esse seria, portanto, o propósito de sua apresentação na empresa que o contratou.

∴ O conteúdo da apresentação

Após definir o objetivo da sua exposição, você precisará determinar o que irá dizer e embasar o conteúdo de sua fala. Esse embasamento pode ser feito de duas formas: (1) por meio de conversas ou entrevistas com especialistas no assunto da sua apresentação; (2) mediante a consulta a livros, artigos científicos, monografias, dissertações de mestrado e teses de doutorado (Camara Júnior, 2011).

A primeira opção é, segundo Camara Júnior (2011), vantajosa em casos de falas públicas que requerem uma preparação rápida e prática. Caso você ainda não conheça profundamente o tema da apresentação, é interessante marcar uma conversa informal com os especialistas que servirão como fonte. Essa conversa dará a você ideias sobre como começar a pesquisar. Por outro lado, se você já possui um conhecimento razoável acerca do assunto, é recomendável realizar uma entrevista formal com os especialistas, com perguntas predefinidas ou questionários impressos.

Se você adotar a segunda opção de embasamento, é importante buscar materiais bibliográficos atualizados, que ofereçam dados recentes sobre seu tema de interesse. No caso de artigos científicos, monografias, dissertações e teses, uma boa opção é o Google Acadêmico (https://www.scholar.google.com.br), que permite o acesso a pesquisas de várias bases de dados científicas.

∴ Conhecendo o público

Tão importante quanto definir o objetivo e o conteúdo de sua fala é conhecer a fundo o público. Camara Júnior (2011) afirma que informações sobre a cultura, a classe social, bem como sobre os hábitos e os interesses das pessoas que assistirão à apresentação são diretrizes importantes para o planejamento da exposição. De fato, quanto mais informações o comunicador tiver sobre o público, maiores serão as chances de a apresentação ser compreendida e de o objetivo ser alcançado.

Uma apresentação para estudantes universitários deve ser diferente de uma fala para colaboradores de uma empresa. Na primeira, provavelmente é mais fácil ser bem compreendido quando se utilizam termos técnicos, ao passo que, na segunda, é mais apropriado usar uma linguagem mais simples e prática, com exemplos do dia a dia empresarial.

Adaptar a linguagem ao público-alvo, portanto, é algo essencial em uma apresentação. Sobre isso, Anderson (2016, p. 30) – presidente e curador-chefe das conferências de palestras TED[3] – afirma: "você só pode usar as ferramentas a que sua plateia tem acesso. Se usar apenas sua linguagem, seus conceitos, seus

---

3   O TED é uma organização sem fins lucrativos que iniciou seus trabalhos em 1984, com palestras de até 18 minutos sobre tecnologia, entretenimento e *design* (daí o acrônimo TED). Posteriormente, outros tópicos de interesse público foram agregados. A missão das conferências TED é espalhar ideias poderosas (Our, 2019).

pressupostos e seus valores, não terá sucesso. Então, em vez disso, utilize os deles. Só a partir dessa base comum os ouvintes podem começar a construir a sua ideia na mente deles".

Antes de elaborar a apresentação, é importante responder às seguintes perguntas sobre o público-alvo:

- Qual é a faixa etária média?
- A que classe social pertence esse público?
- Qual é o nível de escolaridade médio?
- Quais são seus hábitos e interesses?

3.3 Estruturação da apresentação

O médico psiquiatra, terapeuta e doutor em administração Roberto Shinyashiki, que já ministrou palestras em várias empresas e órgãos públicos ao redor do mundo, apresenta uma recomendação bastante importante sobre a elaboração de uma apresentação: "você não pode simplesmente passar informações, como um professor de antigamente que somente se preocupava em ensinar a matéria e os conteúdos exigidos em seu curso. Você tem de ter um roteiro que gere diferentes emoções ao longo da apresentação. Cada minuto deve ser planejado e pensado para obter determinada reação da plateia" (Shinyashiki, 2012, p. 47).

Uma fala pública não pode ser uma mera transmissão de informações. Você já deve ter assistido a apresentações cujos palestrantes pareciam não se importar com a maneira como expunham seus conhecimentos, não é mesmo? Raramente o público consegue aproveitar algo do conteúdo de uma palestra mal elaborada. Além disso, o palestrante acaba deixando a impressão de que não tem a credibilidade e a autoridade necessárias para falar sobre o assunto sobre o qual se propôs a discorrer. Por isso, é necessário que dediquemos uma atenção especial à estruturação das apresentações.

Toda fala pública precisa ter uma introdução, um desenvolvimento e uma conclusão. Queiroz (1998, p. 65) compara a elaboração da exposição oral à construção de um edifício: "a eficácia da elocução depende inquestionavelmente da preparação cuidadosa da técnica de transplantar esse material, no ato de elaborar ou fabricar a exposição que é a construção do edifício, inventado ou preparado. Dispondo, ordenando, juntando, misturando, fundindo esse novo e complexo material". Dessa maneira, cada etapa de uma fala pública corresponderia a uma das fases da construção, a qual envolve a sustentação, o erguimento e o acabamento do edifício. Ainda recorrendo à mesma analogia, as etapas de uma exposição oral são interdependentes, ou seja, uma etapa depende da outra para que o objetivo final (uma apresentação eficaz) seja alcançado.

∴ **Introdução**

Conhecida também como *exórdio*, a introdução é como o alicerce da apresentação. Ela envolve dois ajustamentos: (1) o palestrante precisa atrair a atenção e a simpatia do público; (2) o público tem de se familiarizar com o assunto (Camara Júnior, 2011). Na prática, esses ajustamentos ocorrem da seguinte forma:

1. O comunicador busca se ambientar com o espaço físico da apresentação.
2. O palestrante esclarece para o público qual é o objetivo de sua fala.
3. O orador convida e envolve o público na apresentação por meio de exemplos que tenham relação com a realidade dos espectadores (Camara Júnior, 2011).

Shinyashiki (2012) recomenda que a abertura de uma fala seja forte, pois são os primeiros três minutos da apresentação que costumam determinar se o comunicador será devidamente escutado, com interesse genuíno por parte da plateia.

O que fazer

- Lançar um questionamento instigante.
- Relatar um testemunho.
- Contar uma breve história.

> **O que não fazer**
> - Iniciar mencionando o tema da apresentação.
> - Divagar sobre o assunto.

∴ Desenvolvimento

Depois de atrair o interesse do público com uma introdução instigante, é hora de partir para o cerne da apresentação: o desenvolvimento. Este é o momento em que as paredes da construção são levantadas. Esses elementos são as informações contidas na apresentação. Conforme Camara Júnior (2011), existem quatro formas de planejar uma fala pública:

1. **Por meio de uma ordem cronológica**: Esse método consiste em transmitir as informações em ordem temporal. Trata-se de um modo de transmissão mais apropriado para apresentações históricas, que envolvem um número considerável de datas e fatos históricos.

2. **Por meio de um agrupamento lógico**: Esse método se baseia na ideia de que a sequência da apresentação seja orientada pela racionalidade. Uma forma de transmitir

conhecimentos de forma lógica é mediante o uso de esquemas, gráficos e ilustrações.

3. **Por meio de uma narrativa psicológica**: O objetivo dessa forma de transmissão é alcançar um clímax psicológico que gere emoções e sentimentos na plateia. É preciso tomar cuidado para que a apresentação não tenda para o sensacionalismo.

4. **Por meio da dramatização do discurso**: Nesse método, parte-se de uma problematização relacionada ao tema da apresentação, a qual pode ser um questionamento profundo[4] que envolve o assunto em foco. Em seguida, é preciso responder a esse questionamento apresentando informações e exemplos práticos. Caso o comunicador fosse convidado para falar publicamente sobre o uso das redes sociais por jornalistas, poderia estruturar sua apresentação com base na pergunta: "De que forma as redes sociais contribuem para o trabalho dos jornalistas?".

---

4   Provavelmente, você já elaborou artigos científicos ou teve acesso a eles. Esse questionamento é bastante similar ao problema de pesquisa presente em artigos acadêmicos. Vale lembrar que a problematização é o que motiva a produção de uma pesquisa científica.

Perguntas & respostas

É possível usar mais de um método na mesma apresentação?

Dependendo do assunto a ser abordado, é possível mesclar métodos. A combinação de métodos costuma enriquecer a exposição, já que a deixa mais atrativa e dinâmica. No entanto, é necessário atentar para a duração da apresentação, já que os especialistas no assunto recomendam que ela seja concisa.

O que fazer

- Usar gráficos para revelar dados.
- Construir esquemas lógicos para explicar conceitos e teorias.
- Intercalar dados e aspectos teóricos com exemplos e aplicações práticas.
- Empregar recursos audiovisuais, como cenas de filmes e vídeos, para ilustrar a apresentação.

> **O que não fazer**
> - Fazer mero apanhado de fatos históricos.
> - Transmitir somente aspectos teóricos do assunto, sem mostrar a aplicação prática dos conhecimentos em questão.
> - Dar apenas exemplos, sem expor embasamento teórico e científico.
> - Apresentar questionamentos sem respondê-los.

∴ A conclusão

A conclusão – conhecida também como *peroração* – corresponderia à fase de acabamento do edifício. Ao longo da fala, o palestrante sustenta e ergue o edifício expondo informações contextualizadas e exemplos práticos. Além disso, demonstra-se que a obra teve um objetivo claro e foi destinada para um público específico. Agora, é hora de fechar a apresentação "com chave de ouro"!

Na conclusão, deve-se retomar o essencial da apresentação de forma rápida e concisa. É válido também destacar um ou mais pontos cruciais do que foi exposto, fazendo um apelo para que o público aplique os conhecimentos apreendidos ou mencionando a fala de uma personalidade ou de um teórico de prestígio que se relacione com o tema tratado (Camara Júnior, 2011).

Cunha (1995, p. 106) defende que, durante a conclusão, o comunicador deve levar o público a tomar uma decisão ou a definir uma opinião sobre o assunto. Uma boa apresentação sobre os benefícios da prática de atividades físicas pode, por exemplo, levar os participantes a mudar seus hábitos de vida.

O que fazer

- Elaborar um sumário dos principais pontos abordados.
- Provocar uma ação.
- Suscitar uma reflexão.

O que não fazer

- Prolongar a fala (em apresentações, menos é sempre mais).
- Finalizar com afirmações do tipo: "Então, é isso".

Perguntas & respostas

O traje utilizado nas apresentações deve obrigatoriamente ser formal?

Não necessariamente. O traje, assim como a linguagem empregada, deve se adaptar ao público-alvo da apresentação. Se os participantes costumam usar terno e gravata, é importante que o palestrante vista esse tipo de roupa no dia de sua fala pública. Por outro lado, se seu público é mais informal, é recomendável usar um traje mais simples durante a apresentação.

∴ O método Shinyashiki

A estrutura abordada anteriormente não é a única forma de discorrer publicamente sobre um tema. Shinyashiki (2012) criou um método bastante interessante, que pode ser empregado em palestras, discursos, reuniões de vendas e entrevistas para a imprensa, entre outras situações. Ele envolve cinco passos:

1. **Planejar**: A primeira ação é definir o objetivo da apresentação. Em seguida, é preciso conhecer o público-alvo.
2. **Preparar**: Nesta fase, deve-se definir a maneira de alcançar o objetivo predefinido. Para isso, é necessário obter informações e exemplos relevantes para, em um segundo momento, estruturar a fala por meio de seis etapas: (1) expor um problema a ser solucionado; (2) associar esse problema ao público, fazendo-o se identificar com o tema tratado; (3) fazer uma explanação sobre a(s) causa(s) do problema em questão; (4) apresentar uma solução; (5) incentivar o público a tomar

uma atitude diante do que foi exposto; e (6) celebrar sua apresentação por meio de mensagem de impacto.

3. **Treinar**: Praticar focando primeiro no conteúdo da fala pública e no desempenho (entonação, gestos e postura). Isso é essencial para que você se sinta seguro na hora da apresentação.

4. **Executar**: No dia da fala, é importante chegar mais cedo para testar os equipamentos de áudio e vídeo (caso opte por usá-los) e acertar a iluminação do ambiente. Além disso, se você utilizar uma apresentação de *slides*, é recomendável levar mais de uma cópia do arquivo em dispositivos de armazenamento móveis, como *pen drives*.

5. **Aprimorar**: Após a apresentação, é aconselhável analisar seu desempenho e verificar os pontos fortes e as fragilidades da fala para identificar como melhorar nas oportunidades seguintes. Uma boa alternativa para avaliar a própria apresentação é gravá-la em vídeo e assistir posteriormente com um olhar atento ao desempenho.

∴ O método Carnegie

Dale Carnegie, mundialmente conhecido pelos cursos de oratória que ministrou e pelos *best-sellers* que publicou ao longo de sua carreira, costumava dizer que "somente o orador preparado merece ter confiança" (Carnegie, 2018, p. 36). Segundo ele, uma apresentação bem-sucedida envolve um conhecimento profundo sobre o assunto a ser abordado, a transmissão de experiências e autoconfiança. Para que essa combinação seja efetiva, Carnegie (2018, p. 40) aconselha: "procure, no âmago de seus conhecimentos, experiências significativas que lhe ensinaram algo sobre a vida, reúna seus pensamentos, suas ideias, suas convicções, emanadas dessas experiências. Uma verdadeira preparação significa meditar sobre o tema".

Para saber mais

CAIN, S. O poder dos introvertidos. TED, 2 mar. 2012. Disponível em: <https://youtu.be/c0KYU2j0TM4>. Acesso em: 29 out. 2019.

Em 2012, após falar sobre a importância da introversão no TED, a pesquisadora e escritora norte-americana Susan Cain foi aplaudida de pé pelo público. Durante a apresentação, ela utilizou várias estratégias que citamos neste capítulo para atrair e manter o interesse do público. Vale a pena conferir a palestra!

Estudo de caso

Em 2013, os jornalistas curitibanos Milena Beduschi e Raphael Moroz publicaram o livro-reportagem *Algemadas*, que trata das consequências do consumo de drogas na família do usuário. Na obra, são narradas as histórias de seis mães que adoeceram por causa da condição dos filhos. Em razão da relevância do tema abordado, os autores foram convidados para palestrar em várias igrejas e escolas, tanto para adolescentes como para familiares de dependentes químicos. Nas primeiras apresentações, apesar de o conteúdo ter sido embasado em teorias e pesquisas científicas atualizadas, não houve uma preocupação por parte dos jornalistas com a adaptação da fala para os diferentes públicos que assistiriam às palestras.

Por perceberem que o público não participava ativamente das palestras e que o número de livros vendidos nos locais era relativamente baixo, eles decidiram repensar a maneira como conduziam as apresentações. Buscaram, então, livros que explorassem estratégias para apresentações em público e descobriram o método Shinyashiki, citado neste capítulo.

O primeiro passo foi definir os objetivos das palestras que ministrariam na sequência: (1) conscientizar o público sobre a importância de compreender o assunto e de buscar ajuda especializada; (2) vender exemplares do livro. Depois, os jornalistas dedicaram várias horas para a reestruturação da palestra de acordo com os diferentes públicos. Durante esse processo, buscaram vídeos que ilustrassem o tema, criaram esquemas que facilitavam a compreensão de teorias e conceitos complexos e selecionaram exemplos também expostos no livro para demonstrar na prática esses conceitos e teorias. A palestra ganhou várias versões, cada uma para um público diferente. O trabalho foi árduo, mas recompensador. Os jornalistas perceberam que o público passou a participar de forma mais ativa nas palestras, fazendo perguntas e relatando testemunhos. Consequentemente, o número de exemplares vendidos aumentou significativamente.

Síntese

Iniciamos este capítulo citando o contexto de surgimento da retórica, que envolve um conjunto de técnicas para regrar a organização do discurso e cuja origem remonta ao século V a.C. Em seguida, explicamos como planejar uma apresentação bem-sucedida: primeiro, deve-se definir o objetivo da fala. Depois, é hora de embasar o conteúdo da apresentação por meio de conversas e entrevistas com especialistas no assunto em pauta ou mediante pesquisa em livros e materiais acadêmicos, como artigos científicos, dissertações e teses. Por fim, é importante conhecer o público – seu nível cultural e social e seus hábitos e interesses – para que seja possível adaptar a linguagem.

Toda fala pública precisa ter uma introdução, um desenvolvimento e uma conclusão. Por isso, esmiuçamos cada uma das etapas da apresentação. Na introdução, é preciso despertar o interesse do público, fazendo-o se familiarizar com o assunto abordado. O desenvolvimento envolve a transmissão das informações-chave da apresentação. Essa transmissão pode ocorrer por meio de (1) ordem cronológica, (2) agrupamento lógico, (3) narrativa psicológica e (4) dramatização do discurso. Na conclusão, deve ser retomado o cerne da fala, destacando-se um ou mais pontos cruciais do que foi exposto, fazendo um apelo para o público ou mencionando uma citação de impacto.

Questões para revisão

1. Considere o vídeo indicado na seção "Para saber mais" para responder às perguntas a seguir.

    a) Quais estratégias a palestrante Susan Cain utilizou para atrair/manter a atenção do público durante a introdução, o desenvolvimento e a conclusão de sua fala? Cite uma estratégia para cada etapa da apresentação.

    b) Levando em consideração o conteúdo do discurso de Susan e a forma como ela o organizou, qual é o objetivo de sua apresentação?

2. Qual é a importância de cada uma das fases de uma fala pública?

3. Sobre a retórica, é correto afirmar que:
   a) atualmente, é utilizada apenas para auxiliar acadêmicos na análise de seus dados de pesquisa.
   b) organiza o discurso em três partes – exórdio, desenvolvimento e peroração.
   c) costumava ser utilizada como um instrumento de persuasão.
   d) trata-se de uma invenção da pós-modernidade.
   e) não leva em consideração o objetivo do discurso.

4. Sobre o conteúdo da apresentação, é **incorreto** afirmar que:
   a) a melhor forma de embasar a fala depende do tema abordado.
   b) não é recomendado abordar um assunto sobre o qual não se tenha conhecimento.
   c) a atualização das informações deve ser uma preocupação do expositor/palestrante.
   d) é importante priorizar materiais científicos no processo de pesquisa.
   e) uma conversa informal pode ser o primeiro passo do embasamento da fala.

5. Considerando as três fases do discurso (exórdio, desenvolvimento e peroração), assinale as asserções a seguir como verdadeiras (V) ou falsas (F):

( ) Recomenda-se que tanto o exórdio quanto a peroração tenham um forte apelo emocional perante o público.

( ) O palestrante deve sempre iniciar mencionando o tema da apresentação.

( ) O sucesso de uma apresentação costuma estar atrelado a um discurso extenso e detalhado.

( ) Durante a peroração, é importante retomar, de alguma forma, os principais pontos da apresentação.

( ) O desenvolvimento permite a utilização de vários recursos, como a cronologia, a narração psicológica e a problematização do tema.

Assinale, agora, a alternativa que apresenta a sequência correta de preenchimento dos parênteses:

a) V, V, F, F, V.
b) F, F, V, V, F.
c) V, V, F, V, F.
d) V, F, F, V, V.
e) F, F, V, V, V.

Questão para reflexão

1. Assista a uma palestra sobre um tema de seu interesse e reflita sobre as seguintes questões: o(a) palestrante conseguiu

atrair sua atenção? De que forma(s) ele(a) fez isso? A fala em análise foi estruturada de forma coerente? As etapas referentes à introdução, ao desenvolvimento e à conclusão foram contempladas?

Capítulo
04

Estratégias para apresentações

Conteúdos do capítulo

- Elocução e seus elementos.
- Técnicas de conteúdo e de expressão.
- Principais figuras de linguagem usadas na oralidade.

Após o estudo deste capítulo, você será capaz de:

1. explicar a função dos elementos da elocução na expressão oral;
2. identificar e utilizar técnicas para se comunicar publicamente de maneira efetiva.

Falar em público não é algo fácil. Como comentamos no capítulo anterior, uma apresentação eficaz requer planejamento, embasamento e um ordenamento que faça sentido para o público. Esses aspectos, porém, não garantem o sucesso da fala. Além de ter um conteúdo relevante e um ordenamento atrativo, uma apresentação precisa cativar o público para ser bem-sucedida.

Relembre a última palestra que você aplaudiu de pé. Provavelmente, você se sentiu conectado com o palestrante do começo ao fim da apresentação e nem se deu conta dos motivos de isso ter acontecido. Carisma? Inteligência? Senso de humor? Quais características demonstradas pelo palestrante fizeram você se levantar ao fim da palestra e bater palmas com grande empolgação? A uma apresentação aclamada, subjazem técnicas que podem ser utilizadas por qualquer pessoa que esteja disposta a falar (bem) em público. Neste capítulo, vamos apresentá-las.

4.1
Elocução e seus elementos

A matéria-prima de uma apresentação são as palavras. É por meio delas que o público consegue compreender os conceitos expostos e acompanhar as formulações do orador. Quando alguém pronuncia uma palavra em voz alta, emite vários sons diferentes. No caso da expressão oral, a projeção dos sons vocais está relacionada à elocução.

Segundo Camara Júnior (2011, p. 17), o primeiro elemento da elocução é a **articulação**, que é "o conjunto de movimentos na garganta e no interior da boca por meio dos quais são enunciados os sons da linguagem". O modo como articulamos uma palavra diz respeito à dicção. Uma articulação defeituosa acaba sendo "tão prejudicial para quem fala como uma letra ilegível para quem escreve".

Para ser devidamente compreendida, uma palavra precisa estar associada a uma ou mais palavras. Essas palavras associadas, por sua vez, formam o que chamamos de *unidade de sentido* ou *frase*. A menção de várias unidades de sentido, intercaladas por pausas estratégicas do orador, permite compreender determinadas ideias durante uma apresentação. Essas unidades de sentido (frases) expressas por meio de pausas (ponto-final, dois-pontos, vírgula ou ponto e vírgula) fazem parte do segundo elemento da elocução: a **cadência** ou o **ritmo** (Camara Júnior, 2011).

Por fim, há a **entonação**, que pode ser definida como a relação "entre [a] altura e [a] força de emissão nos sons da fala". Sua função é valorizar as palavras e dar a elas significações diferentes (Camara Júnior, 2011, p. 18). Na prática, isso acontece quando o orador dá ênfase a palavras que merecem destaque e/ou varia o tom de voz para expressar mudanças de humor, emoções e sentimentos. Afinal, uma história triste não deve ser narrada com a mesma entonação que um relato feliz.

Cunha (1995) considera que a entonação é a música da linguagem. Para ele, entonar bem é pronunciar cada palavra como se fosse uma nota musical. Dessa forma, as frases funcionam como melodias, formando um discurso que se assemelha a uma canção harmoniosa e agradável aos ouvidos. Segundo o autor, um bom exercício para treinar o uso da entonação é ler peças de teatro em voz alta, interpretando cada fala.

Caso a apresentação seja roteirizada – ou seja, siga um roteiro de falas –, é interessante sublinhar, em cada frase, duas ou três palavras mais importantes e identificar a frase de tom mais leve do roteiro com uma ondulação. É recomendável também destacar todos os pontos de interrogação, utilizando, por exemplo, uma caneta marca-texto, e desenhar um círculo com uma cor específica antes do trecho mais revelador e importante de sua apresentação. Se houver uma história e/ou um exemplo engraçados na sua fala, é interessante destacá-lo com uma cor diferente ou aplicar um símbolo específico. Depois de feitas essas marcações, é fundamental ler o roteiro empregando uma mudança de tom para cada marca. Uma sugestão de variação na entonação é acelerar um pouco nos trechos sublinhados, fazer uma pausa no trecho marcado com o círculo e sorrir quando chegar na cor ou símbolo que destaca o exemplo engraçado (Anderson, 2016).

Uma entonação adequada dá dramaticidade ao discurso e facilita a compreensão da plateia. Por outro lado, se esse recurso for empregado em excesso, pode gerar no público o efeito oposto. Conforme complementa Camara Júnior (2011, p. 19), "ainda mais perigoso para o efeito geral da exposição é pôr ênfase indiscriminadamente em vocábulos acessórios de ligação, depois dos quais se faz pausa a fim de chamar a atenção para a palavra que se lhe segue, como as conjunções *mas*, *e*, *porque*". O emprego da entonação é bastante comum no radiojornalismo, quando lemos uma nota jornalística e produzimos uma matéria ou reportagem. Trataremos mais detalhadamente do uso da voz no rádio no próximo capítulo.

O que fazer

- Pronunciar palavras de forma correta e clara.
- Dar ênfase a palavras que merecem destaque.
- Variar a entonação com base em emoções e sentimentos que se deseja transmitir.

> **O que não fazer**
> - Pronunciar palavras de forma equivocada, em desacordo com a língua falada no local.
> - Usar a entonação na maioria das palavras do discurso.

Para saber mais

TREASURE, J. Como falar de forma que as pessoas queiram ouvir. **TED**, TedGlobal 2013. Disponível em: <https://www.ted.com/talks/julian_treasure_how_to_speak_so_that_people_want_to_listen?language=pt-br>. Acesso em: 29 out. 2019.

Em sua palestra para o TED, o consultor vocal e escritor Julian Treasure revela algumas estratégias e exercícios para falar melhor em público.

4.2
Ferramentas da apresentação

Ao contrário do que muitos imaginam, falar bem em público não é um talento nato. Ninguém consegue subir em um palco e fazer uma grande apresentação, articulando bem conteúdo e forma, sem dedicar um tempo razoável para planejá-la, elaborando estratégias. É claro que pessoas comunicativas e extrovertidas[1] tendem a ter maior facilidade para se portar em público, ao passo que indivíduos tímidos e introvertidos precisam se preparar mais para essa missão. No entanto, com tempo, dedicação e técnicas apropriadas, qualquer um pode se sair muito bem em uma apresentação a ponto de ser aplaudido de pé. Apresentamos na seção seguinte algumas ferramentas que o ajudarão a ter sucesso em sua fala pública. Versaremos, primeiramente, sobre as ferramentas de expressão e, depois, sobre as ferramentas de conteúdo.

∴ Ferramentas de expressão

Segundo Anderson (2016), para inserir uma ideia na mente do público, o comunicador precisa de permissão.

Por sermos seres sociais e vivermos em um mundo repleto de estímulos, desenvolvemos algumas estratégias para nos proteger

---

[1] *Extroversão* foi um conceito criado pelo psiquiatra suíço Carl Gustav Jung, cujas teorias embasaram a psicologia analítica, para caracterizar pessoas que têm a energia psíquica voltada para o exterior. Esses indivíduos costumam ser mais falantes e se energizam ao estarem com outras pessoas, sentindo-se bastante à vontade em festas e eventos sociais. O contrário disso é a *introversão*, que designa pessoas cuja energia é voltada para o interior. Os introvertidos preferem passar o tempo consigo mesmos, lendo livros ou assistindo a filmes, ou com pessoas com as quais já desenvolveram alguma afinidade.

de conhecimentos que ameaçam nossos pontos de vista e nossas crenças. Entre essas armas, estão a desconfiança, o ceticismo e a antipatia. Naturalmente, isso acontece porque, se acreditássemos em todas as informações que recebemos no nosso dia a dia, ficaríamos totalmente confusos. Por isso, precisamos, a todo momento, filtrar os conhecimentos a que temos acesso.

Quando inicia uma apresentação, a primeira missão do palestrante é neutralizar essa postura reticente do público. Como fazer isso? Entrando em sintonia com o público. Anderson (2016) estabelece algumas táticas para que isso aconteça. Vejamos a seguir.

:: **Faça contato visual e sorria**

Cientistas demonstraram que, quando dois indivíduos se encaram, as chances de um imitar o estado emocional do outro é grande. Se estamos em contato com alguém que esteja sorrindo, provavelmente também sentiremos vontade de sorrir. O mesmo acontece quando estamos com uma pessoa que está se sentindo ansiosa: nos sentimos um tanto ansiosos. Quando o contato visual é acompanhado de um sorriso amistoso, a receptividade do público é maior. Isso acontece porque, diante de um orador que sorri com frequência e olha fundo em nossos olhos, nos sentimos mais propensos a confiar nele.

Confira a dica de Anderson (2016, p. 57): "quando você sobe ao palco, precisa pensar em uma coisa – seu real entusiasmo com a chance de compartilhar sua paixão com os ouvintes ali sentados diante de você. Não se apresse em dizer a primeira frase. Vá para o foco de luz, escolha umas pessoas, olhe-as nos olhos, acene com a cabeça e sorria".

:: **Fale coloquialmente e com entusiasmo**

Salvo contextos específicos, como seminários e congressos, o ideal é utilizar a linguagem coloquial em falas públicas. Uma dica válida é falar de forma simples e entusiasmada, como quando falamos de um gosto pessoal para um colega.

Durante a apresentação, também é importante variar a velocidade da fala. Por exemplo: nos momentos em que você apresentar ideias-chave e explicar conceitos e teorias, fale mais devagar e faça pequenas pausas. Quando narrar histórias e exemplos e usar o senso de humor, acelere um pouco o ritmo.

:: **Revele vulnerabilidade**

Anderson (2016) defende que uma das formas mais efetivas de desarmar a plateia é o comunicador mostrar uma vulnerabilidade relacionada a ele mesmo e ao assunto da apresentação. Quando revela alguma fraqueza, o orador demonstra que é como seu espectador. Isso gera empatia no público. Essa técnica é bastante útil quando a pessoa que irá fazer sua fala está nervosa por falar em público: revelar isso aos participantes é uma forma de atrair sua atenção e de ficar mais tranquilo.

:: Use o senso de humor

Quem não gosta de dar boas risadas em uma palestra? O senso de humor e o carisma do orador podem ajudar o público a ver os conteúdos de uma forma mais atrativa e divertida. Todavia, é importante ter cuidado para não exagerar nas piadas: é preferível abrir mão do senso de humor a utilizá-lo de forma desmedida. A respeito dessa técnica, Anderson (2016, p. 61) recomenda o seguinte: "você precisa de histórias engraçadas, porém reais, diretamente relacionadas ao assunto abordado ou que representem um emprego humorístico e cativante da linguagem".

:: Prepare-se bem para a apresentação

Sentir medo e insegurança antes de uma fala pública é algo comum. Até mesmo grandes oradores e palestrantes sentem o famoso frio na barriga antes de encararem uma apresentação. A boa notícia é que você pode usar esses sentimentos a seu favor, preparando-se para uma fala pública por meio de um planejamento minucioso e de ensaios.

Estratégias para apresentações

Uma forma válida de planejar uma apresentação é dividir o roteiro dos conteúdos a serem abordados em várias partes e definir uma palavra ou termo-chave para cada uma delas. Por exemplo: se você pretende iniciar a apresentação revelando vulnerabilidade ao fazer referência a uma demissão ocorrida no início de sua carreira, uma boa palavra-chave seria *demissão*. Essa estratégia o ajudará a organizar melhor sua fala, pois o lembrará do que deverá falar em cada parte da apresentação.

Ensaiar o máximo de vezes que você puder também é uma boa tática para melhorar sua fala e aumentar sua segurança. Repasse sua apresentação pelo menos três vezes. A cada ensaio, você aperfeiçoará mais a forma como pretende transmitir os conteúdos e se sentirá mais tranquilo. É claro que uma apresentação nunca será exatamente igual aos ensaios – e nem é bom que seja assim, já que, em uma fala pública, deve haver espaço para interações com a plateia e improvisos. No entanto, a ordem da transmissão dos conteúdos ao longo da apresentação será mantida, e ensaiar o ajudará a organizar conteúdos segundo a forma que adotará e o tempo que tem disponível para a apresentação. Acredite: o sucesso e a credibilidade de uma fala dependem, em grande parte, de sua capacidade de organizar os conteúdos e o tempo de que você dispõe.

> **O que fazer**
> - Lançar um comentário bem-humorado ou uma piada caso algum recurso audiovisual não funcione ou demore para funcionar.
> - Mostrar vulnerabilidade por meio de uma história testemunhal.
>
> **O que não fazer**
> - Se você não é naturalmente engraçado, não tente se forçar a ser em público.
> - Usar o humor para ser politicamente incorreto, especialmente em relação a temas como identidade de gênero, diferenças raciais e étnicas e religião.

Para saber mais

NULAND, S. Sobre terapia de eletrochoque. **TED**, 2007. Disponível em: <https://goo.gl/LGBWam>. Acesso em: 28 out. 2019.

Em sua palestra para o TED, o neurocirurgião Sherwin Nuland fez uso, de forma bastante competente, de duas das técnicas de expressão que vimos anteriormente: usou o senso de humor e mostrou vulnerabilidade.

∴ Ferramentas de conteúdo

Tão importante quanto entrar em sintonia com o público é transmitir os conteúdos propostos de forma coerente, clara e simples. Detalharemos, agora, estratégias bastante utilizadas em apresentações de sucesso.

:: **Conte histórias**

Narrar histórias é uma forma eficaz de fazer a plateia mergulhar em sentimentos e emoções que o orador pretende despertar para que compreenda conceitos e teorias na prática. As histórias que funcionam nessas falas costumam ter uma estrutura linear simples, representada pela seguinte fórmula: (1) um protagonista passa a lutar para alcançar determinado objetivo; (2) depara-se com um grande obstáculo que o faz entrar em crise; (3) prepara-se para enfrentar esse obstáculo com as próprias forças e potencialidades, alcançando o clímax de sua jornada; (4) supera a dificuldade em questão e alcança seu objetivo (Anderson, 2016). A indústria cinematográfica mundial tem empregado essa fórmula – conhecida como *jornada do herói* – há várias décadas para garantir o sucesso dos filmes produzidos. A série de livros *Harry Potter* e filmes jornalísticos como *Spotlight: segredos revelados* e *Todos os homens do presidente* são exemplos bem-sucedidos dessa fórmula.

Além da fórmula da jornada do herói, Chris Anderson dá quatro dicas para que sua história seja bem-recebida pela plateia:

Fundamente-a num personagem pelo qual a plateia possa sentir empatia. Construa tensão, seja mediante curiosidade, intriga social ou perigo real. Dê o nível correto de detalhes. Se forem insuficientes, a história não será vívida; se forem excessivos, ela se arrastará. Termine com uma resolução satisfatória, seja ela engraçada, comovente ou reveladora. (Anderson, 2016, p. 70)

:: **Use metáforas para explicar conceitos e teorias**

Conforme explicamos no capítulo anterior, boas apresentações são embasadas em teorias e conceitos atualizados. Uma estratégia interessante para conduzir o público à compreensão desses elementos é explicá-los por meio de metáforas. A explicação é, segundo Anderson (2016, p. 80), "o ato que acrescenta conscientemente um novo elemento ao modelo mental de alguém". Com o uso da metáfora, é possível fazer uma ligação entre esse novo elemento e o modelo mental que a plateia tem do mundo.

Como isso acontece na prática? Suponhamos que você esteja falando sobre a função do assessor de imprensa em uma palestra para estudantes de Publicidade e Propaganda e parta da seguinte citação: "a atividade de assessoria de imprensa envolve a gestão do relacionamento e dos fluxos informacionais entre as fontes de informação e os veículos de comunicação de massa" (Duarte, 2011, p. 51). Uma forma de explicar esse conceito de modo que o público compreenda é comparar a prática da assessoria de imprensa a uma ponte. Por meio dela, o assessor transporta "mercadorias" (informações que podem ser transformadas em notícia) da empresa na qual atua para os veículos de comunicação. Dessa forma, você explicaria, por meio de uma metáfora simples, um conceito complexo para um público leigo no assunto.

Uma maneira de instigar o público para sua explicação é despertar sua curiosidade. É ela que convida a plateia para questionamentos acerca das causas e consequências de determinado fenômeno e cria a sensação de que uma lacuna no conhecimento precisa ser preenchida pelo orador (Anderson, 2016). Eis um exemplo de como despertar a curiosidade da plateia antes de lançar mão da metáfora sobre a função da assessoria de imprensa: "Vocês sabiam que, ao contrário do que muitos imaginam, a reportagem não é a área do jornalismo que mais emprega profissionais? A área do jornalismo que mais cresce no país é a assessoria de imprensa. Mas em que consiste essa atividade?".

Após a exposição da metáfora, exemplos são sempre bem-vindos. Eles reforçam a explicação e a complementam. Confira dois exemplos que ilustrariam bem a metáfora sobre a função da assessoria de imprensa: (1) Paulo, que atua como assessor de imprensa em uma empresa privada, sempre faz uma seleção estratégica antes de informar a imprensa de sua cidade sobre algum fato que possa virar notícia. Ele costuma conversar, via WhatsApp, com os jornalistas selecionados sobre o tema de sua pauta e sobre como esta poderia se encaixar nas editorias dos profissionais com quem mantém contato; (2) Roberto tem uma conduta diferente para comunicar a imprensa sobre sugestões de pauta: ele simplesmente dispara o *release* com a notícia para os principais jornalistas locais, sem estabelecer contato prévio com eles.

:: **Mostre seus produtos ou invenções**

Se a apresentação envolve conteúdos tangíveis, que podem ser aplicados em produtos ou invenções, mostrá-los para a plateia faz toda a diferença! Falar sobre um produto ou sobre um invento inovador é bom. Demonstrar seu funcionamento é ótimo. E permitir que integrantes da plateia aprendam a usá-lo é melhor ainda.

Sobre essa estratégia, Anderson (2016, p. 102) recomenda: "quando você tem algo surpreendente para mostrar, permita-se fazer um pouco de teatro. [...] Dê à plateia uma pista do que ela vai ver. Depois, conduza-a para o contexto necessário, idealmente na direção de um clímax forte quando as bases já estiverem consolidadas". De forma simples e direta, o autor citado sugere o seguinte passo a passo:

1. Lance uma provocação inicial.
2. Contextualize a plateia quanto à história e aos fundamentos do produto.
3. Demonstre-o ou permita que a plateia o faça.
4. Explique as implicações do produto.

:: Incentive seu público a participar da apresentação

Manter a plateia atenta e envolvida durante a apresentação são dois grandes desafios do orador. Duas técnicas estabelecidas por Shinyashiki (2012) o ajudarão nessas tarefas:

1. **Faça perguntas:** Lançar questionamentos para o público é uma forma de estimulá-lo a refletir sobre o tema abordado. É interessante comentar e elogiar a resposta dos participantes para criar sinergia com a plateia.

2. **Peça ao público que repita ideias-chave**: Uma forma de fazer as ideias-chave serem apreendidas pelo público é solicitar que alguns participantes repitam os principais conceitos da apresentação.

É importante usar essas técnicas com bom senso. Interagir demais com a plateia pode gerar desconforto e irritação. Apesar de a maioria das pessoas não se importar de se pronunciar durante falas públicas, a impressão que o orador deixa quando solicita a participação do público a todo momento é de que ele não preparou e embasou os conteúdos. Intercalar, de forma equilibrada, as participações da plateia com conteúdos bem explicados e exemplos claros é o segredo para não exagerar.

4.3 As figuras de linguagem

As figuras de linguagem são recursos bastante utilizados na oralidade. Elas deixam o discurso mais vívido e atrativo por meio de algumas estratégias. Segundo Vanoye (2007, p. 49-50), as principais figuras de linguagem são:

- **Aliteração**: Repetição de um som ou de um grupo de sons. Exemplo: *O rato roeu a roupa do rei de Roma*.
- **Paronomásia**: Aproximação de termos semelhantes pela sonoridade, mas não pelo sentido. Exemplo: *Quem viver verá*.

- **Elipse**: Supressão de determinado termo da frase que pode ser subentendido. Exemplo: *Alguns pensam no uísque do dia seguinte, outros, na água do próprio dia.* Nesse caso, o termo suprimido após a palavra *outros* foi *pensam*.
- **Hipérbole**: Exagero de elementos do discurso. Exemplo: *História escrita com sangue.*
- **Antífrase**: Uso de ironia para expressar algo diferente do que foi dito. Exemplo: *Como você é inteligente.* Neste caso, a frase se refere a alguém que não entende nada do que está falando.
- **Comparação**: Relação estabelecida entre dois elementos com base em algo que é comum a eles. Exemplo: *A moça é frágil como o vidro.* Essa figura de linguagem envolve quatro aspectos: o elemento comparado (*a moça*), o elemento comparante (*vidro*), o termo comparativo (*como, tal, semelhante a* etc.) e o ponto de comparação (*a fragilidade*).
- **Metáfora**: Comparação entre dois elementos por meio de uma analogia, sem explicitar os quatro aspectos mencionados no item anterior. Exemplo: *Ele é uma porta.*
- **Metonímia**: Substituição de um termo por outro que tenha proximidade de sentido. Exemplo: *Ela adora ler Shakespeare.* Nesse caso, está subentendido que a pessoa gosta de ler as obras do escritor mencionado, já que não é possível, obviamente, ler o indivíduo Shakespeare em si.

O uso das figuras de linguagem é comum na narração de histórias, mas esses recursos também podem ser empregados para enriquecer exemplos e explicações de conceitos e teorias.

Perguntas & respostas

É permitido improvisar em uma apresentação?

É possível improvisar em uma fala pública, mas fazer isso durante a apresentação inteira não é recomendável. De acordo com Camara Júnior (2011, p. 46), o conteúdo das falas deve ser preparado anteriormente, sendo que o improviso "deve restringir-se à formulação verbal dos pensamentos". Esse recurso deixa a fala mais natural e vívida, mas deve ser usado com cautela.

O orador e professor Dale Carnegie (2008), por outro lado, admitia falas de improviso. Com base na própria experiência, Carnegie – que costumava solicitar, em seus cursos, que os alunos falassem de improviso – verificou que o ato de falar sem preparo pode contribuir para que o orador se sinta mais seguro e confiante do que quando ele profere discursos já preparados. Além disso, ele percebia que essa prática fazia os estudantes perceberem que eram plenamente capazes de articular seus pensamentos sob pressão.

Estudo de caso

Desde que começou a atuar como consultora, a profissional de *marketing* e estrategista digital Alessandra Boldrini sentiu a necessidade de transmitir seus conhecimentos para um número maior de pessoas: "Sempre gostei muito de estudar e compartilhar o que aprendia com as pessoas ao meu redor. Até pouco tempo atrás, fazia isso com quem estava ali, ao meu alcance. Fui percebendo o quanto as coisas que eu ensinava a elas geravam resultados incríveis em suas vidas e comecei a sentir a necessidade de passar esse conhecimento para mais pessoas", conta ela.

Ao perceber o impacto positivo que seus colegas alcançavam com suas palestras, Alessandra se deu conta de que deveria seguir o mesmo caminho. Ela começou, então, a promover eventos gratuitos sobre temas que costuma estudar, como escuta ativa, comunicação não verbal e timidez. Suas palestras e *workshops* conquistaram grande adesão por parte do público, que, durante os eventos, participa bastante por meio de perguntas e relatos pessoais.

Apesar de dominar os assuntos que aborda e de passar segurança ao falar, Alessandra se considera introvertida e tímida. Sua maior dificuldade antes e durante os eventos é controlar a ansiedade e a respiração: "Preciso trabalhar muito minha preparação antes das palestras e *workshops*, assim como meu tom de voz e minha própria energia para as pessoas curtirem ao máximo os conteúdos. Me concentro nas pessoas o tempo todo, pois elas são o meu termômetro!", revela.

A preparação de Alessandra envolve várias técnicas e estratégias, entre as quais estão a leitura do ambiente e da plateia. Alessandra explica: "Antes, eu imaginava o que as pessoas estariam achando de mim, do meu conteúdo e da minha forma de falar. Agora, eu consigo ler, em seus corpos, o que elas estão achando e, de certa forma, deixei minhas apresentações mais leves, como se fossem uma grande conversa, na qual a plateia participa o quanto quiser".

Além disso, a consultora gosta de fazer exercícios de preparação antes de falar em público: "Tenho duas técnicas preferidas: a postura de super-herói (que consiste em posicionar o corpo de maneira imperativa e confiante, como se estivéssemos prestes a salvar o mundo), que me traz mais confiança; e a autoconcentração, que permite que eu entenda o ritmo da minha respiração e dos meus batimentos cardíacos. Me imagino abrindo uma porta, por meio da qual as emoções mais gritantes começam a entrar. Em seguida, identifico cada uma delas, aceitando sua entrada. Nomeá-las me ajuda a minimizar seus efeitos".

Síntese

Neste capítulo, vimos que as palavras são a matéria-prima de uma apresentação e que a elocução é a projeção dos sons que emitimos para dizê-las em voz alta. Iniciamos o capítulo abordando os três elementos da elocução: a articulação, a cadência e a entonação. Este último elemento – que é considerado a música da linguagem – valoriza as palavras e lhes dá diferentes significações.

Na sequência, citamos algumas estratégias que contribuem para o sucesso de uma fala pública: as ferramentas de expressão (que envolvem técnicas para atrair e manter a atenção e o interesse da plateia) e de conteúdo (que dizem respeito ao modo como os conteúdos são transmitidos).

Encerramos o capítulo aprofundando recursos bastante utilizados na oralidade: as figuras de linguagem, cuja função é deixar o discurso mais vívido e atrativo. As principais delas são a aliteração, a paronomásia, a elipse, a hipérbole, a antífrase, a comparação, a metáfora e a metonímia.

Questões para revisão

1. Qual é a importância do uso da entonação em uma fala pública e em quais situações ele não é recomendado?

2. Assista a esta palestra do psicólogo Dan Gilbert no YouTube:

GILBERT, D. The Surprising Science of Happiness. **TED**, fev. 2004. Disponível em: <https://youtu.be/4q1dgn_C0AU>. Acesso em: 30 out. 2019.

Que ferramenta de conteúdo ele empregou em sua apresentação e de que forma a utilizou?

3. Assinale a alternativa **incorreta** no que diz respeito à elocução e seus elementos:

   a) Todo discurso verbalizado mediante sons vocais pode ser caracterizado como uma elocução.

   b) Uma dicção apropriada depende da maneira como articulamos os sons das palavras.

   c) Em uma fala pública, as unidades de sentido precisam estar relacionadas para gerar uma significação.

   d) Empregar a entonação em uma frase é o mesmo que interpretá-la.

   e) Quanto mais usarmos a entonação, mais compreensível e atrativa nossa fala será para o público.

4. Sobre as ferramentas de conteúdo e expressão, é correto afirmar que:

   a) Apresentações improvisadas são uma boa estratégia, pois costumam atrair e manter a atenção da plateia.

b) A tática chamada *jornada do herói* é, geralmente, utilizada por escritores e diretores de cinema, mas também pode ser empregada em falas públicas.

c) O uso de termos cultos está associado à credibilidade da apresentação e do orador.

d) Quanto mais a plateia for ouvida e solicitada a participar, maiores serão as chances de a apresentação ser um sucesso.

e) O orador não pode, em hipótese alguma, revelar à plateia que está nervoso, pois isso pode desvalorizá-lo como profissional.

5. Considere a seguinte fala pública:

"Uma empresa pode se comunicar com seu público de três formas: mercadologicamente, institucionalmente e internamente. Podemos pensar em cada uma dessas formas como vendedores que possuem objetivos diferentes. O primeiro vende produtos e serviços e é mais imediatista, pois quer resultados financeiros em curto prazo. O segundo vende uma ideia, um conceito, e está disposto a parcelar, em longo prazo, o valor da venda, pois não se importa tanto em receber o pagamento integral no momento da compra. O terceiro, por fim, está preocupado apenas em vender o propósito da empresa onde atua para os vendedores que trabalham com ele."

A figura de linguagem empregada nesse discurso foi a:

a) hipérbole.
b) comparação.
c) antífrase.
d) metáfora.
e) elipse.

Questão para reflexão

1. Pense na próxima apresentação de trabalho ou palestra que você fará. Que estratégias de expressão e de conteúdo você poderia empregar para deixar sua fala atrativa para o público-alvo? Seria possível utilizar uma ou mais figuras de linguagem? Para facilitar o planejamento de sua fala, registre, à parte, as ideias que tiver.

Capítulo
05

A oralidade no rádio

Conteúdos do capítulo

- Elementos e funções da voz no rádio.
- Atribuições do locutor e do apresentador.
- Características do texto radiofônico.

Após o estudo deste capítulo, você será capaz de:

1. compreender as características que a oralidade adquire no rádio;
2. diferenciar as funções do locutor e do apresentador;
3. elaborar textos radiofônicos adequados para esse meio de comunicação.

O rádio é um dos meios de comunicação mais democráticos do Brasil. Ele chega a regiões em que ainda não há internet, informando e acolhendo um grande número de pessoas. A palavra *acolher* é, inclusive, bastante significativa quando mencionamos esse veículo de comunicação tão querido pelos brasileiros. Provavelmente, você e seus familiares já se sentiram acolhidos enquanto ouviam um programa radiofônico. Essa sensação é comum porque o rádio, mais do que qualquer outro meio de comunicação de massa, tem o poder de estabelecer um diálogo com seu público. Quando sintonizamos determinada estação, embarcamos em uma conversa aberta e humanizada, marcada pela troca de informações e experiências.

O afeto é uma dimensão importante do rádio. Há algumas décadas, era comum, principalmente entre os homens, levar o aparelho de rádio para o trabalho e para locais como estádios de futebol. Enquanto os olhos deles estavam vidrados em cada lance de bola, seus ouvidos estavam atentos à narração dos jogos (talvez você se lembre de que seu pai, avô ou bisavô tenha tido esse costume). O aparelho em questão era, também, o grande companheiro das donas de casa, que podiam ficar por dentro das novidades e se emocionar com suas radionovelas preferidas enquanto preparavam o almoço. Essa dimensão de afeto provocada pelo rádio envolve um elemento primordial, por meio do qual se desenrolam outros elementos: a voz. Neste capítulo, compreenderemos o papel que ela adquire no rádio e, mais especificamente, no radiojornalismo.

5.1
O uso da voz no rádio

A fala é indispensável como recurso de comunicação para organizar a sociedade. Já imaginou como seria o mundo se não conseguíssemos nos expressar por meio da fala? Um caos completo, com certeza. Se considerarmos os meios de comunicação de massa existentes, o rádio – que tem sido reatualizado por meio dos *podcasts* e das rádios *on-line* – é, sem dúvidas, o que dá mais importância à oralidade. Segundo Charaudeau, citado por Prata (2012), a magia do rádio está relacionada à exploração da voz como matéria-prima:

> O rádio é essencialmente a voz, os sons, a música, e é esse conjunto que o inscreve em uma tradição oral, mais marcada

ainda se não o acompanha nenhuma imagem, nenhuma representação figurada dos locutores nem de objetos que produzam vozes ou sons. A magia particular do rádio se deve a essa ausência de encarnação e essa onipresença de uma voz pura. A voz – timbre, entonação, intenção – revela o estado de espírito daquele que fala. Assim ele poderá parecer forte ou fraco, autoritário ou submisso, emotivo ou controlado, frio ou emocionado, tudo isso com que jogam os políticos e profissionais da mídia. (Charaudeau, citado por Prata, 2012, p. 121)

O uso da voz no rádio – que é transmitida por ondas sonoras – é o que Zumthor (1985) chama de *performance midiatizada*, que é marcada por um elemento chamado *tatilidade* – a capacidade que determinadas mensagens sonoras têm de ultrapassar a audição e alcançar outros sentidos, como o tátil. Bang (1991, p. 24) explica de forma bastante clara essa característica do rádio: "o som é uma percepção auditiva, mas as ondas sonoras, que são produzidas por uma fonte vibratória sonora e que nos são transmitidas pelo ar, podem nos alcançar por outros meios. Além do ouvido, elas podem ser sentidas pela pele e pelos ossos de partes do corpo humano".

Apesar de a tatilidade ser, geralmente, proporcionada pela combinação de um indivíduo que transmite uma mensagem sonora (uma palestra, por exemplo) com aqueles que ouvem essa mensagem no mesmo local em que o palestrante está (*performance* não midiatizada), o rádio, sendo um veículo em que se emprega a palavra falada para transmitir mensagens, também lida com a tatilidade pela sensação de proximidade que gera nos ouvintes (Zumthor, 1985). Em vários momentos, enquanto ouvimos programas radiofônicos, é comum sentirmos como se estivéssemos ao lado do(a) locutor(a), não é mesmo? Uma possível evidência dessa sensação de proximidade que o rádio proporciona é o alto número de participações de ouvintes por meio de ligações e mensagens via WhatsApp e *e-mail*.

No caso do rádio, os elementos responsáveis por sentirmos essa proximidade com o que ouvimos são a **intensidade** (variando entre forte e fraca), a **altura** (no caso dos homens, ela costuma ser mais grave; no das mulheres, mais aguda) e o **timbre** da voz (que pode, por exemplo, soar agradável, ríspida ou até mesmo chorosa, dependendo do objetivo da fala) (Soares; Piccolotto, 1991). Igualmente importante é o ritmo das mensagens sonoras, elemento que precisa reproduzir "a naturalidade e a variação presentes na expressão oral cotidiana, explorando criativamente a sonoridade de um texto elaborado para este meio" (Silva, 1999).

Além disso, segundo Martínez-Costa e Díez Unzueta (2005), o uso da voz adquire as seguintes funções no rádio:

- **Expositiva**: Quando apresenta fatos e dados.
- **Narrativa**: Ao apresentar ações situadas no tempo e no espaço, sejam elas factuais (como notas e reportagens), sejam ficcionais (como no caso das radionovelas).
- **Programática**: Por indicar os temas e os conteúdos que serão abordados em determinados programas.
- **Descritiva**: Quando detalha cenários e personagens.
- **Expressiva**: Ao revelar estados de ânimo (sentimentos e emoções).
- **Argumentativa**: Quando há a defesa de ideias e/ou opiniões que levam em conta o raciocínio lógico.

Sabemos que o tom das mensagens radiofônicas é o de uma conversa informal. No entanto, Goffman (1998) observa que a maior parte dessas mensagens é dirigida a interlocutores imaginados e supostos, pois, como o rádio é um veículo de comunicação de massa, é impossível prever com exatidão quem receberá os conteúdos transmitidos.

∴ O papel do locutor

Diferentemente do que muitos imaginam, o locutor não tem a mesma função que um apresentador ou âncora. O locutor é o profissional que lê notícias, recados e anúncios e que apresenta as músicas que serão tocadas (Prado, 2006). No entanto, *ler* não é o verbo que melhor define a função do locutor. Esse profissional faz muito mais que simplesmente ler textos radiofônicos. Ele dá vida ao que fala, levando em consideração o objetivo das mensagens, o estilo e o posicionamento político-ideológico da emissora na qual trabalha e as características socioculturais dos ouvintes. O locutor é, sobretudo, um comunicador e precisa comunicar as mensagens radiofônicas da forma mais efetiva possível, levando em conta os aspectos mencionados.

Ferraretto (2014, p. 82) considera que a interpretação é o elemento-chave da locução radiofônica: "falar implica, por óbvio, certo nível de interpretação do que está sendo comunicado. A mensagem a respeito de uma conquista no campo do esporte, por exemplo, exige da voz daquele que a transmite determinado grau de emoção ao passar a ideia da vitória; já ao anúncio do falecimento de uma pessoa corresponderá uma fala com um adequado nível de sobriedade ou mesmo de pesar". Essa variação na forma como uma mensagem radiofônica é transmitida depende do uso dos elementos da voz.

Atualmente, ao contrário do que acontecia nos primórdios do rádio, não é mais necessário ter um vozeirão para atuar como locutor ou apresentador. O importante é se comunicar de maneira simples, firme e imediata (Jobim, citado por Morais, 1996). Há cinco requisitos que, segundo Valdés (1988), são essenciais para um bom locutor:

1. **Compreender o texto a ser comunicado**, tendo certo domínio sobre os temas abordados.
2. **Interpretar o que será transmitido**, pronunciando as palavras com clareza e boa dicção, destacando as mais importantes e respeitando as pausas de pontuação no texto.
3. **Matizar o que será dito** por meio da identificação do tom adequado para cada fala (o timbre empregado e o ritmo da voz fazem toda a diferença nesse caso).
4. **Convencer o ouvinte sem perder a naturalidade**, já que o tom do rádio é, na maioria das vezes, o de uma conversa informal.
5. **Concluir bem a fala**, sem desvalorizar os últimos elementos do texto.

∴ O papel do apresentador

O apresentador é quem comanda determinado programa de rádio, dando unidade e personalidade à programação (Klöckner, 1997). Uma possível metáfora para traduzir a função desse profissional seria a seguinte: imagine que os locutores, repórteres, comentaristas e colunistas são uma orquestra que está se apresentando em determinado local. O público dessa apresentação são os ouvintes, que estão interessados no que a orquestra está expressando musicalmente. O apresentador é o maestro, já que é ele o responsável por reger e conduzir os músicos e fazer a mediação entre estes e o público.

Embora tanto o locutor quanto o apresentador sigam um roteiro para embasar suas falas, o apresentador faz uma espécie de improviso estruturado (Ferraretto, 2014). Vale explicarmos melhor como isso funciona. O locutor costuma se ater ao texto para comunicar uma mensagem, ao passo que o apresentador conduz sua fala seguindo um roteiro, mas não necessariamente transmite a mensagem da forma como ela está escrita. Geralmente, esse profissional confere, no roteiro, os conteúdos a serem transmitidos e os expressa de acordo com o próprio estilo, improvisando com frequência.

Existem três tipos de apresentador: (1) o **âncora**, que conduz programas radiojornalísticos; (2) o **comunicador popular**, que assemelha-se ao âncora, mas apresenta caráter mais popular que adquire em razão de sua proximidade emocional com os ouvintes; e (3) o *disc jockey* (ou DJ), que comanda programas musicais e dialoga de forma bastante descontraída com os ouvintes, os quais, geralmente, são mais jovens (Ferraretto, 2014).

O que fazer

- Respeitar a pronúncia correta das palavras.
- Referir-se sempre ao ouvinte por meio do termo *você*, no singular.
- Improvisar em alguns momentos, com base no roteiro da locução/apresentação.

O que não fazer

- Exagerar na interpretação.
- Improvisar o tempo todo, desconsiderando o roteiro da locução/apresentação.

Para saber mais

BARBEIRO, H.; LIMA, P. R de. **Manual de radiojornalismo**. Rio de Janeiro: Campus, 2001.

Em *Manual de radiojornalismo*, Heródoto Barbeiro e Paulo Rodolfo de Lima apresentam uma lista de palavras cuja pronúncia costuma gerar dúvidas. O livro também traz várias dicas práticas para quem deseja atuar em rádio.

CÉSAR, C. **Como falar no rádio**: prática de locução AM e FM. 11. ed. São Paulo: Summus, 2009.

PORCHAT, M. E. **Manual de radiojornalismo Jovem Pan**. 3. ed. São Paulo: Ática, 2006.

Essas duas obras são leituras interessantes para quem deseja saber mais sobre o uso da voz no rádio.

5.2
O texto no rádio

Se a fala radiofônica se assemelha a uma conversa informal, o texto escrito para esse meio costuma ser coloquial. Isso significa dizer o que pretendemos da forma mais simples e direta possível, sem rodeios e floreios, respeitando as regras da língua portuguesa. Silva (1999) elenca três regras fundamentais para produzir textos radiofônicos de qualidade:

1. **Ser objetivo**: Em rádio, cada sentença precisa conter uma ideia e ser o mais curta possível. Isso torna o texto mais fluido e confere a ele mais ritmo. Com isso, o texto pode ser compreendido mais facilmente pelo ouvinte.

2. **Narrar fatos de forma linear**: A ordem direta das sentenças (sujeito + verbo + complemento) deve ser priorizada. Por exemplo: em vez de dizer "Três convênios de saúde foram cancelados pelo Hospital de Clínicas hoje", é preferível usar "O Hospital de Clínicas cancelou três convênios de saúde hoje".
3. **Repetir as informações**: O rádio é um meio de comunicação dinâmico, assim como o processo de escuta dos ouvintes. Na prática, isso significa que muitas pessoas (a maioria delas) sintonizam (e dessintonizam) as estações ao longo da programação das emissoras, o que as faz perder informações importantes. Por isso, é necessário repetir as informações mais relevantes para os ouvintes.

Verifique, a seguir, como o *lead* de alguns textos de outros meios de comunicação poderia ser expresso no rádio.

Texto 1

A Agência Nacional de Aviação Civil (Anac) publicou no Diário Oficial da União a autorização para que a companhia aérea Norwegian Air UK opere voos regulares no Brasil de passageiro, carga e mala postal. Ela é a primeira *low-cost* internacional que recebe autorização para atuar no país. [...] Atrás somente da Ryanair e da Easyjet, a aérea, que tem sede na Noruega, é a terceira maior de baixo custo no continente europeu. [...]

A expectativa é de que sua operação em território brasileiro inicie somente em janeiro de 2019, visto que ainda é necessário que a companhia apresente documentação à Anac. (Infomoney, 2018)

Como transmitir o texto no rádio

A Agência Nacional de Aviação Civil autorizou a companhia aérea Norwegian AIR UK a operar voos regulares no Brasil. Os voos vão ser ofertados para passageiros, cargas e malas postais, e a previsão é de que comecem a partir de janeiro de 2019. A companhia aérea tem sede na Noruega e é a terceira maior da Europa na categoria de baixo custo.

Texto 2

Uma faculdade de medicina do Japão reduziu deliberadamente as notas de exames de admissão de mulheres durante ao menos uma década, disse uma comissão de investigação nesta terça-feira (7), classificando a prática como um caso muito sério de discriminação. Autoridades da universidade, contudo, negaram ter conhecimento das manipulações. (Lies, 2018)

Como transmitir o texto no rádio

Uma faculdade de medicina do Japão fraudou notas de exames para admitir menos mulheres no curso. Segundo a comissão que investigou a situação, a fraude foi considerada um caso sério de discriminação. Autoridades da universidade negaram conhecer as manipulações.

O que fazer

- Formular frases curtas.
- Empregar verbos na voz ativa.
- Ser o mais exato possível, evitando o uso de termos e expressões como *parece* e *é possível que*.
- Usar verbos no presente do indicativo (*acontece*) e no futuro composto (*vai acontecer*).
- Revisar o texto em voz alta para evitar erros e incoerências.

O que não fazer

- Usar palavras rebuscadas e pouco utilizadas no dia a dia.
- Empregar adjetivos de forma excessiva.
- Utilizar gírias que não fazem parte do vocabulário local.
- Escolher palavras que rimam, ou seja, que têm a mesma terminação.
- Empregar verbos no gerúndio (*acontecendo, realizando*).

Estudo de caso

A voz tem sido o principal instrumento de trabalho da jornalista Ana Flavia da Silva desde que ela se formou. Quando atuava como repórter em uma emissora de televisão paranaense, ela participou de um treinamento com uma fonoaudióloga especializada em comunicação para exercitar a voz e melhorar a dicção. Anos depois, a rotina de exercícios vocais que Ana Flavia mantinha foi essencial para que conquistasse uma vaga de repórter em uma emissora de rádio da cidade de Curitiba (PR): "Fiz um teste de voz com a direção da rádio – que avaliou a minha dicção e o meu timbre vocal – e passei!", conta ela.

A agilidade é a característica do rádio que mais atrai Ana Flavia: "O rádio é o aqui, agora. Entramos no ar com o que temos de informação e deixamos claro que estamos apurando a notícia. Ao contrário de outros veículos, que, normalmente, só divulgam o fato quando já têm tudo formatado, o rádio não tem esse tempo de espera. A interação com o ouvinte é ao vivo, e a notícia também", explica.

Curiosamente, a agilidade que tanto agrada Ana Flavia é também seu maior desafio. Isso porque, muitas vezes, ela precisa entrar no ar para comunicar notícias sem ter um texto fechado, precisando lançar mão do improviso. Nesses momentos, a repórter precisa redobrar a atenção dedicada à locução: "Ainda trabalho muito para não 'vazar' a respiração no ar. É algo natural, mas faz toda diferença", confessa.

De acordo com Ana Flavia, quem deseja trabalhar com rádio – especialmente com radiojornalismo – deve ser apaixonado por notícias e estar inteirado de tudo o tempo todo. Em termos técnicos, é importante transmitir informações com clareza, precisão e objetividade com o intuito de captar e manter a atenção do ouvinte. Ela aconselha: "É como se você estivesse contando as notícias do dia para um amigo. O texto não pode ser rebuscado e com firulas".

Síntese

Neste capítulo, evidenciamos que o rádio é um dos meios de comunicação mais democráticos do Brasil, já que alcança regiões e populações que outros veículos não conseguem atingir. Sua matéria-prima é a oralidade, cujo uso gera, nos ouvintes, uma sensação de proximidade e intimidade. Considerando isso, comentamos, inicialmente, que os elementos da voz são a intensidade, a altura, o timbre e o ritmo. No rádio, o uso da voz adquire seis funções: expositiva, narrativa, programática, descritiva, expressiva e argumentativa.

Depois, discorremos sobre a função do locutor e do apresentador. Ao compararmos as atribuições desses profissionais, percebemos que tanto o locutor como o apresentador devem ter suas falas planejadas em um roteiro. No entanto, em termos formais, existem diferenças entre os papéis do locutor e do apresentador: ao primeiro, cabe ler notícias, recados e anúncios e apresentar músicas; ao segundo, cabe comandar programas de rádio e improvisar mais em suas falas, dando personalidade à programação da emissora na qual atua.

O tom da transmissão das mensagens radiofônicas é o informal. Por essa razão, o texto para esse meio de comunicação precisa ser coloquial. Três regras podem ajudar a escrever textos mais simples e diretos: a objetividade, que prevê que cada sentença precisa conter uma ideia e ser o mais curta possível; a linearidade, que diz respeito à priorização da ordem direta das sentenças (sujeito + verbo + complemento); e a repetição, que envolve a necessidade de repetir as informações mais relevantes para os ouvintes, uma vez que o processo de escuta destes é dinâmico.

Questões para revisão

1. Assinale a alternativa incorreta no que se refere ao uso da voz no rádio:

    a) Apesar de envolver principalmente a audição, o rádio também tem a capacidade de mobilizar outros sentidos, como o tato.

    b) O timbre de voz empregado em uma mensagem radiofônica depende do objetivo da mensagem a ser transmitida.

    c) O que diferencia *performances* não midiatizadas de *performances* midiatizadas – como as que existem no rádio – é a presença de tatilidade.

    d) A forma como a voz é utilizada no rádio é o elemento que gera a proximidade percebida pelos ouvintes em relação a esse meio de comunicação.

    e) Na maioria das vezes, as funções da voz na linguagem radiofônica são exploradas simultaneamente.

2. Considerando as atribuições do locutor e do apresentador no rádio, avalie se as frases a seguir são verdadeiras (V) ou falsas (F):

( ) No radiojornalismo, o âncora é um tipo de apresentador.

( ) As falas do locutor e do apresentador devem ser planejadas em um roteiro.

( ) Ao transmitir uma mensagem radiofônica, o locutor precisa atuar como ator, interpretando cada frase de maneira teatralizada.

( ) O improviso deixa a fala mais espontânea e informal, mas deve ser usado com cuidado.

( ) Para evitar interpretações equivocadas, o ideal é o locutor não variar a entonação.

Agora, assinale a alternativa que apresenta a sequência correta de preenchimento dos parênteses:

a) F, F, V, V, V.
b) V, F, V, V, F.
c) V, V, F, V, V.
d) V, V, F, F, V.
e) V, V, F, V, F.

3. Sobre o texto radiofônico e suas características, assinale a alternativa **incorreta**:
   a) Quando se fala em rádio, menos é mais. Nesse sentido, quanto mais objetivas e exatas forem as informações a serem transmitidas, melhor.
   b) Apesar de o tom radiofônico ser o coloquial, as regras gramaticais da língua portuguesa precisam ser respeitadas.
   c) Esse veículo de comunicação admite o uso de gírias e expressões, desde que estas façam parte da cultura local.
   d) Em virtude da instantaneidade do rádio, as informações devem ser ditas apenas uma vez, sem repetições.
   e) O uso de vocabulário rebuscado deve ser evitado nos textos radiofônicos.

4. Levando em consideração os dois textos jornalísticos adaptados para a linguagem radiofônica apresentados ao fim deste capítulo, identifique as mudanças efetuadas para a adequação à linguagem radiofônica.

5. Cite ao menos três recomendações para a tarefa de compor um texto para o rádio.

Questão para reflexão

1. Ouça um programa de rádio jornalístico e atente para os seguintes aspectos das notícias veiculadas: A fala dos repórteres é compreensível? O texto lido por eles é coloquial ou formal? As sentenças são curtas e objetivas?

Capítulo
06

Dicas de expressão oral

Conteúdos do capítulo

- Cuidados com a voz.
- Exercícios vocais.
- Condutas a evitar.

Após o estudo deste capítulo, você será capaz de:

1. identificar alimentos, bebidas e práticas benéficos e nocivos à voz;
2. fazer exercícios para melhorar a voz;
3. evitar atitudes e práticas prejudiciais a uma apresentação oral.

Neste capítulo, apresentaremos algumas dicas para que você tenha uma boa expressão oral e elencaremos as condutas que devem ser evitadas para não ter problemas na voz. Citaremos, ainda, alguns exercícios para a manutenção da voz e exemplos positivos que podem embasar sua fala pública.

6.1
Cuide de sua voz

Se você pretende usar a voz como ferramenta profissional, precisa cuidar dela adequadamente. Assim como um atleta cuida do corpo, que é fundamental para seu desempenho, ou do mesmo modo que um pianista cuida das mãos, quem depende da voz para um bom desempenho profissional precisa ser especialmente cuidadoso com ela.

Alguns hábitos prejudicam o aparelho fonador e, consequentemente, a voz. O primeiro deles é o consumo de tabaco. Todos sabem dos males que o fumo provoca à saúde. E, para aqueles que precisam da voz como ferramenta profissional, vale ainda mais o alerta: não fume. Simples assim. É claro que um fumante pode, excepcionalmente, conseguir fazer um bom uso da sua voz. Mas, com toda certeza, teria uma voz melhor se não fumasse. Então, mantenha distância do fumo!

O álcool também afeta a voz. Entretanto, ao contrário do tabaco, cujo consumo frequente fatalmente prejudica a voz, o álcool deve ser evitado especificamente antes e durante a fala. Portanto, convém não ingerir álcool algumas horas antes de usar a voz em uma atuação profissional, bem como durante a fala.

Há outros alimentos e bebidas que favorecem ou prejudicam a voz[1]. Café e chá preto (que contêm cafeína) também devem ser evitados pelo menos uma hora antes do uso profissional da voz. O mesmo vale para o chocolate e para os produtos lácteos, porque deixam a saliva mais grossa, o que dificulta a articulação.

Quem faz uso profissional da voz diariamente deve reduzir ao mínimo o consumo desses alimentos e evitá-los cerca de duas horas antes da atividade vocal. Convém ainda evitar alimentos excessivamente condimentados.

- - - - -

1 Veja uma interessante reportagem de televisão sobre isso: DOMINGO Espetacular. **Conheça os alimentos que ajudam a proteger a voz**, 2016. Disponível em: <https://www.youtube.com/watch?v=8VQJTHwpprI>. Acesso em: 30 out. 2019.

Há uma ideia bastante difundida de que a maçã faz bem para o aparelho fonador. Não é mito: a maçã é adstringente e realmente é benéfica. A melhor amiga do aparelho fonador, porém, é a água. Hidratar-se bem é a dica mais importante. Durante a fala, é bastante recomendável ter água sempre ao alcance. Basta tomar alguns goles, fazendo a água percorrer toda a cavidade bucal antes de ser engolida. Para manter a hidratação constante, é mais eficaz tomar poucos goles com maior frequência, durante a fala, do que tomar muita água de uma vez só. Deve-se sempre lembrar que a água não deve estar gelada. Outra dica é evitar escovar os dentes ao menos uma hora antes de falar. Os cremes dentais, em geral, provocam ressecamento bucal.

A qualidade do sono também influencia a voz. Uma noite bem dormida gera benefícios para quem precisa falar profissionalmente. Portanto, durma bem, alimente-se adequadamente (evitando os alimentos aqui citados antes de usar a voz) e não fume.

6.2
Exercícios vocais

Retomando a analogia com os atletas, é bom lembrar: todo atleta treina o corpo para melhorar o desempenho de suas atividades. Isso também vale para o uso profissional da voz. Lábios, bochechas e língua são formados por músculos, que podem e devem ser exercitados para melhorar a dicção. Há diversos exercícios específicos para isso. O ideal é que o profissional que usa a voz como ferramenta faça uma consulta com um fonoaudiólogo para, além de avaliar o aparelho fonador e a fala, receber um programa de exercícios voltado às suas necessidades específicas.

Talvez você já tenha tido a oportunidade de ver alguém fazendo exercícios de aquecimento vocal antes de uma apresentação, como um cantor ou ator antes de subir ao palco, ou ainda um jornalista ou radialista antes de usar o microfone. São exercícios simples que esses profissionais costumam fazer antes de algum trabalho com a voz. Além dos exercícios de aquecimento, há os de fortalecimento muscular.

Por exemplo, para melhorar o tônus muscular e o domínio dos movimentos da língua:

- estalar a língua, abrindo e fechando a boca exageradamente;
- "varrer" com força, usando a língua, a parte interna das bochechas e os dentes;
- "varrer" com a língua o céu da boca, de frente para trás, forçando bastante;
- grudar a língua no céu da boca, forçando e segurando por alguns segundos e depois estalar a língua (deve-se começar segurando por três segundos e aumentar aos poucos, até conseguir segurar por cerca de oito segundos).

Para melhorar a tonicidade e os movimentos dos lábios:

- fazer um "bico" com os lábios, forçando bem, segurar por pelo menos três segundos e depois estalar como se mandasse um beijo;
- forçar os lábios um contra o outro, esticados (como se estivesse sorrindo), puxando-os para dentro, segurar alguns segundos e estalar como se mandasse um beijo.

Outro bom exercício é a mastigação exagerada: mova a boca toda, lábios, língua e bochechas, como se estivesse mastigando bem exageradamente.

Esses exercícios simples, que podem ser feitos duas ou três vezes ao dia, tonificam a musculatura empregada na fala e ajudam muito na boa articulação das palavras. Como bochechas, lábios e língua são músculos, é normal que, nas primeiras vezes, haja algum incômodo ou dor, como acontece em qualquer exercício de musculação. É preciso começar aos poucos e depois ir aumentando o tempo e o esforço. Esses exercícios seguramente têm um excelente efeito e melhoram sensivelmente a articulação.

Um aspecto muito importante relacionado à fala é a respiração. Profissionais que dependem do uso da voz devem fazer exercícios para treinar a respiração diafragmática (com o controle do diafragma, principal músculo da respiração, localizado entre o tórax e o abdômen). Dada a impossibilidade de descrever adequadamente esses exercícios neste livro, deixamos novamente a recomendação: busque o apoio de um fonoaudiólogo, que pode indicar os exercícios adequados. Na internet, também é possível encontrar vídeos explicativos. Você pode procurar, dando sempre preferência àqueles feitos por profissionais de fonoaudiologia. Outro exercício bastante eficaz é a leitura em voz alta. Leia um texto, articulando bem as palavras. Se possível, grave a leitura e analise-a depois. Você pode repetir várias vezes o mesmo texto, até considerar que leu da melhor forma possível. Também é um ótimo exercício ler trava-línguas.

6.3
Condutas a evitar

Tendo uma boa noção das características da comunicação oral e sabendo aproveitar toda a riqueza dessa forma de comunicação, o comunicador tem mais chances de fazer bom uso dela. Entretanto, sempre é útil conhecer quais são os erros mais comuns. Vistas todas as orientações e dicas dos capítulos anteriores, fazemos, a seguir, um alerta acerca de algumas condutas comuns que devem ser evitadas por todos aqueles que utilizam a voz profissionalmente.

∴ Nível de linguagem inadequado

O comunicador deve utilizar um nível de linguagem adequado ao público. O ideal é o padrão formal médio. Entretanto, um nível mais formal ou informal poderá ser utilizado conforme a audiência. Palavras incomuns e vocabulário rebuscado devem ser sempre evitados. Nunca caia na tentação de achar que um vocabulário rebuscado é indício de uma fala eficaz. O bom comunicador é aquele que se faz entender pelo público.

∴ Incorreções no uso da língua portuguesa

Qualquer que seja o público e a situação, o comunicador deve prezar pelo uso correto da língua portuguesa. Como fazer isso? Obviamente, conhecendo bem o idioma, o que se consegue com estudo e leitura. Quem é profissional de comunicação tem por obrigação básica o domínio do idioma. Há uma grande variedade de boas obras para o ensino do uso correto da língua portuguesa que podem ser encontradas facilmente nas livrarias. Compre, estude regularmente e leia muito, procurando textos de bons escritores.

∴ Vícios da fala

Um problema muito comum são os vícios da fala, os "cacos" inseridos no meio da comunicação, geralmente por insegurança ou nervosismo, às vezes por mau hábito. Por vezes, são como muletas orais que o falante utiliza. Você já deve ter ouvido alguém que tenta manter a fala fazendo sons como *éééé*, ou usam expressões ou palavras repetidas, ditas geralmente no início ou no final de uma frase, como *tipo assim* (expressão que chegou a marcar a fala dos jovens em determinada época), *né, então, daí* e *aí*. Há, também, o vício de terminar toda frase com uma palavra repetida, como *entendeu?*. Esses vícios são mais comuns do que possam parecer e realmente incomodam o ouvinte. Para saber se você tem algum desses vícios, grave sua fala e ouça-a para tentar identificar esses elementos que atrapalham a boa expressão oral.

∴ Monotonia

Em uma palestra ou entrevista, algo que deixa o público entediado e até com sono é uma voz monótona e sem modulações. Uma fala atraente tem altos e baixos e ênfase em algumas palavras e expressões. Se o comunicador fala sempre no mesmo tom, tende a cansar os ouvintes. Esse é um problema fatal na comunicação oral e suficiente para desqualificar o profissional – o que pode resultar em menos convites para participar de palestras, debates ou entrevistas mais longas. A fala agradável tem um colorido que é dado pela mudança de entonação. Procure ouvir diferentes palestras de profissionais reconhecidos, hoje facilmente disponíveis na internet, para avaliar os pontos fortes e fracos de cada palestrante. Se você treinar o ouvido para a análise crítica da falha alheia, terá mais condições de melhorar a própria fala.

∴ Apresentações excessivamente teóricas

Comentamos anteriormente que boas apresentações requerem um embasamento teórico consistente, com conteúdos relevantes e atualizados. Todavia, exagerar no uso de conceitos e pesquisas, sem que a aplicação prática dos conhecimentos abordados seja demonstrada, é um erro grave, capaz de provocar o desinteresse da plateia. O que captura a atenção do público e mantém seu interesse são boas histórias. Quando um palestrante é capaz de relacionar conceitos com exemplos e histórias interessantes, as chances de sua fala ser bem recebida são altas.

∴ Apresentações superficiais

O oposto do que apresentamos na seção anterior também pode ser um problema para quem se expressa publicamente. Falas excessivamente práticas e repletas de histórias e relatos desnecessários, sem o embasamento adequado, perdem credibilidade. Não se engane: o público percebe quando uma apresentação foi embasada e planejada. Por isso, quando elaborar uma fala, nunca abra mão de uma boa pesquisa prévia.

∴ Materiais de apoio inadequados

Apesar de não garantirem o sucesso de uma apresentação, materiais de apoio como *slides* deixam a fala mais atrativa. No entanto, muitos oradores incorrem no erro de usá-los como "bengala", enchendo-os de texto e recorrendo a eles a todo momento. Aqui, cabe uma importante observação: um palestrante jamais deve ler a maior parte dos conteúdos textuais presentes nos *slides*. É claro que um conceito ou outro, ou até mesmo uma citação ou outra, precisará ser lido(a), mas é necessário tomar cuidado com a frequência com a qual isso acontece. Ler o que está nos *slides* reflete a falta de preparo do orador, e isso costuma ser fatal em uma apresentação.

Além disso, é importante tomar cuidado com o excesso de conteúdo nos *slides*, pois isso pode prejudicar o entendimento das informações por parte do público. Quando elaborar os *slides* da sua apresentação, parta sempre da seguinte premissa: menos é mais. Quanto mais enxutos e atrativos forem os *slides*, mais instigante será sua palestra[2].

---

[2] Uma dica interessante para preparar suas apresentações é o *site* de ferramentas de *design* Canva, que oferece vários *layouts*, imagens e ícones gratuitos. Disponível em: <https://www.canva.com/pt_br/>. Acesso em: 30 out. 2019

6.4
Bons exemplos

Como já mencionado, é muito útil ter o hábito de ouvir discursos alheios com espírito crítico, procurando analisar os pontos fortes e fracos. A internet possibilita, hoje, o acesso a uma infinidade de materiais interessantes para isso, como palestras, entrevistas, aulas, emissões de rádio e televisão (radiojornais e telejornais, transmissões esportivas, entrevistas e locuções de programas variados).

Busque na rede, por exemplo, o famoso discurso de Martin Luther King, conhecido pela frase "I have a dream" (Eu tenho um sonho)[3]. Martin Luther King era um excelente orador, e esse discurso mostra a perfeita articulação dos sons, a riqueza da entonação e o bom uso das pausas.

Outro bom exemplo está no célebre discurso feito por Charles Chaplin atuando como personagem no filme *O grande ditador*. Na história, ele interpreta dois personagens: um ditador e um barbeiro. Em certo momento da história, o barbeiro, por ser fisicamente muito parecido com o ditador (ambos eram interpretados por Chaplin), assume o lugar deste para pronunciar um discurso, cujo conteúdo ia em sentido completamente oposto às

---

3   RODRIGUES, M. **Discurso I Have a Dream (Eu tenho um sonho) – Martin Luther King**, 2013. Disponível em: <https://www.youtube.com/watch?v=E6JW_loQKko>. Acesso em: 30 out. 2019.

ideias do ditador. Lançado em 1940, foi o primeiro filme falado de Chaplin, o que dava enorme importância à fala. Claro que, diferentemente do discurso de Luther King, feito diretamente a uma imensa plateia, ao ar livre, o do personagem de Chaplin foi escrito, decorado e ensaiado previamente. Além do marcante conteúdo, o discurso impressiona pelo domínio que Chaplin demonstra ter da arte da oratória[4].

Além de ser conhecido pelas inovações criadas enquanto foi presidente e diretor-executivo da Apple, Steve Jobs era famoso pelas apresentações que fazia para lançar produtos da empresa. A apresentação em que ele fala sobre o primeiro iPhone é um exemplo de boa comunicação oral. A fala de Jobs é objetiva e clara e está em consonância com os *slides* projetados, que são bastante resumidos e atrativos. Ele usa, também, doses de humor inteligente para cativar a plateia[5].

Síntese

Neste capítulo, demos algumas dicas que contribuem para uma boa expressão oral. Entre elas, está o cuidado com o consumo de certos alimentos e a prática de hábitos que costumam prejudicar

- - - - -

4   DESPERTAI Consciências. **O melhor discurso de todos os tempos**, 2012. Disponível em: <https://www.youtube.com/watch?v=K2K9519Upes>. Acesso em: 30 out. 2019.
5   RINO, T. **Steve Jobs apresenta primeiro iPhone legendado (2007)**, 2012. Disponível em: <https://youtu.be/9ou608QQRq8>. Acesso em: 30 out. 2019.

o uso adequado da voz no âmbito profissional. Também citamos exercícios para a manutenção vocal.

Ainda, comentamos condutas bastante recorrentes em apresentações, como o uso incorreto da língua portuguesa, vícios de linguagem e a falta de variação na entonação dada às palavras. Mencionamos, também, alguns erros ligados ao conteúdo de uma fala pública, como o excesso ou a falta de embasamento teórico e materiais de apoio inadequados, por exemplo, *slides* com muito texto.

Por fim, compreendemos os pontos positivos de algumas apresentações por meio de exemplos reais, verdadeiros modelos de expressão oral a serem seguidos.

Perguntas & respostas

Entre os cuidados que se deve ter com o aparelho fonador, está o uso de alimentos e bebidas que lhe são benéficos. Como deve ser feita sua hidratação?

Um profissional da voz deve estar acostumado a hidratar-se, bebendo água com frequência. Entre as bebidas, a água é a mais benéfica à voz. Deve-se evitar chá, café e leite antes de uma apresentação oral. Durante a apresentação, é recomendável consumir água algumas vezes, em quantidades pequenas.

Questões para revisão

1. Cite pelo menos três alimentos ou bebidas cujo consumo deve ser evitado antes de uma apresentação oral.

2. É recomendável escovar os dentes antes de uma apresentação oral? Por quê?

3. Com relação aos cuidados com a voz, analise se as frases a seguir são verdadeiras (V) ou falsas (F):

    ( ) O uso de tabaco interfere na qualidade da voz.

    ( ) Deve-se evitar o consumo de álcool algumas horas antes de fazer o uso da voz em uma comunicação profissional, bem como durante a fala.

    ( ) Os alimentos não interferem na qualidade da voz.

    ( ) Café e chá quente devem ser consumidos antes e durante a fala.

    ( ) A qualidade do sono tem influência sobre a qualidade da voz.

    Agora, assinale a alternativa que apresenta a sequência correta de preenchimento dos parênteses:

    a) V, F, F, F, V.
    b) F, F, V, V, V.
    c) V, V, F, F, V.

d) F, V, F, F, V.
e) V, V, F, V, V.

4. Assinale a alternativa **incorreta**:

   a) O uso de um vocabulário de alto nível, com palavras pouco conhecidas, é um indício de uma fala eficaz, pois revela o alto nível cultural do comunicador.

   b) O nível de formalidade (ou informalidade) da fala deve ser adaptado ao público-alvo.

   c) O profissional de comunicação tem por obrigação básica o domínio do idioma.

   d) Uma fala atraente tem variações de entonação.

   e) O bom comunicador é aquele que se faz entender pelo público.

5. Assinale a alternativa **incorreta**:

   a) Para a preservação da voz, convém evitar alimentos excessivamente condimentados antes de uma apresentação oral.

   b) A maçã faz bem para o aparelho fonador, pois é adstringente.

   c) Hidratar-se constantemente é altamente benéfico para a voz. Convém beber água inclusive durante as apresentações orais.

d) A água a ser consumida pelo palestrante durante uma apresentação deve estar preferencialmente gelada.
e) É recomendável para manter a voz evitar o consumo de bebidas alcoólicas antes da fala.

Questão para reflexão

1. Quais são os passos preparatórios para uma palestra? Imagine que você fará uma palestra de 30 minutos, à noite, para estudantes do Ensino Médio, sobre um tema que você domina. Pense em todo o processo de preparação, começando com os cuidados com a voz e prevendo tópicos a serem tratados em sua apresentação, incluindo o conteúdo dos *slides*. Registre, esquematicamente, os cuidados que você deve tomar em relação à sua voz durante o dia. Depois, elabore os tópicos e defina o que deveria constar nos *slides*.

Para concluir...

A expressão oral é imprescindível para a comunicação humana, já que é por intermédio dela que, de modo geral, nos constituímos como sujeitos, moldamos nossos pensamentos e compartilhamos experiências e conhecimentos. Na comunicação social, a compreensão das informações por parte do grande público depende de uma comunicação oral efetiva, que leve em conta fatores como objetividade, clareza e bom uso da voz. Considerando essas premissas, a presente obra abordou a oralidade nos mais variados contextos, em termos teóricos e práticos.

Além de ser apresentado a conceitos essenciais para a compreensão do tema, você foi, ao longo dos capítulos, instigado, por meio de metodologias empregadas por estudiosos da oralidade e pelos autores deste livro, a analisar e a aprimorar suas práticas de comunicação oral. Nossa intenção, porém, não foi determinar padrões a serem seguidos, mas suscitar reflexões e apontar possíveis caminhos para que você se desenvolva como estudante e profissional da comunicação.

A comunicação oral muda a todo momento. Hoje, mais do que nunca, ela é mediada, pessoal e profissionalmente, por tecnologias da informação e da comunicação (TICs) como *smartphones* e *tablets*, e por mídias cujo uso se populariza de forma crescente – como as redes sociais digitais –, o que faz práticas comunicacionais surgirem e se modificarem. Nesse sentido, propor-se a questionar as próprias práticas comunicacionais e a estudar a fundo a oralidade e suas implicações na atualidade são atitudes que vão diferenciá-lo nos âmbitos acadêmico e profissional.

Apesar de a presente obra trazer uma diversidade de abordagens teóricas e práticas acerca da comunicação oral, recomendamos que o estudo do tema não se encerre aqui. A leitura crítica da bibliografia clássica e também da mais recente, que embasou este material, é de suma importância para que sua visão sobre o assunto seja o mais abrangente possível.

Considerando isso, acreditamos que o objetivo de proporcionar uma compreensão teórico-prática acerca dos elementos que constituem a comunicação oral em diferentes contextos foi cumprido. Esperamos que a leitura deste livro tenha estimulado você a se aprofundar no estudo da expressão oral.

Desejamos sucesso em seus estudos e em sua vida profissional!

Referências

ANDERSON, C. **TED talks**: o guia oficial do TED para falar em público. Tradução de Donaldson Garschagens e Renata Guerra. Rio de Janeiro: Intrínseca, 2016.

BANG, C. Um mundo de som e música. In: RUUD, E. (Org.). **Música e saúde**. São Paulo: Summus, 1991.

BORODITSKY, L. How language shapes the way we think. TED, novembro 2017. (Palestra TEDWomen 2017). Disponível em: <https://www.ted.com/talks/lera_boroditsky_how_language_ shapes_the_way_we_think?language=pt-br#t-840562>. Acesso em: 24 out. 2019.

BRASIL. Decreto n. 5.626, de 22 de dezembro de 2005. **Diário Oficial da União**, Poder Executivo, Brasília, 23 dez. 2005 Disponível em: <https://presrepublica.jusbrasil.com.br/legislacao/96150/decreto-5626-05>. Acesso em: 30 out. 2019

CAIN, S. O poder dos introvertidos. TED, 2 mar. 2012. Disponível em: <https://youtu.be/c0KYU2j0TM4>. Acesso em: 29 out. 2019.

CAMARA JÚNIOR, J. M. **Manual de expressão oral e escrita**. 28. ed. Petrópolis: Vozes, 2011.

CARNEGIE, D. **Como falar em público e influenciar pessoas no mundo dos negócios**. Tradução de Carlos Evaristo M. Costa. 63. ed. Rio de Janeiro: Record, 2018.

CUNHA, A. de M. **Técnicas de falar em público**. 2. ed. Goiânia: AB Editora, 1995.

FALAR em público: medo atinge mais pessoas do que se pensa. **Exame**, 14 mar. 2017. Disponível em: <https://exame.abril.com.br/negocios/dino/falar-em-publico-medo-atinge-mais-pessoas-do-que-se-pensa-shtml/>. Acesso em: 21 ago. 2019.

FERRARETTO, L. A. **Rádio**: teoria e prática. São Paulo: Summus, 2014.

GOFFMAN, E. Footing. In: RIBEIRO, B.; GARCEZ, P. (Org.). **Sociolinguística interacional**. Porto Alegre: Age, 1998.

INFOMONEY. Anac autoriza primeira companhia low-cost internacional a operar no Brasil. **Gazeta do Povo**, 8 ago. 2018. Disponível em: <https://www.gazetadopovo.com.br/economia/anac-autoriza-primeira-companhia-low-cost-internacional-a-operar-no-brasil-4c95eeov82h0jkockhoo57b5e>. Acesso em: 30 out. 2019.

KLÖCKNER, L. **A notícia na Rádio Gaúcha**: orientações básicas sobre texto, reportagem e produção. Porto Alegre: Sulina, 1997.

LIES, E. Faculdade do Japão fraudou notas para admitir menos mulheres em medicina. **Folha de S.Paulo**, 8 ago. 2018. Disponível em: <https://www1.folha.uol.com.br/ciencia/2018/08/faculdade-do-japao-fraudou-notas-para-admitir-menos-mulheres-em-medicina.shtml>. Acesso em: 30 out. 2019.

LIMA, E. **Além da voz**. Belo Horizonte: Armazém de Ideias, 1998.

MARTÍNEZ-COSTA, M. del P.; DIEZ UNZUETA, J. R. **Lenguaje, géneros y programas de radio**: introducción a la narrativa radiofónica. Pamplona: Ediciones Universidad de Navarra, 2005.

MORAIS, E. C. "Voz, para que te quero?". **Revista de Comunicação**, Rio de Janeiro, n. 46, p. 10-13, 1996.

PRADO, M. **Produção de rádio**: um manual prático. Rio de Janeiro: Elsevier, 2006.

PRATA, N. **WebRadio**: novos gêneros, novas formas de interação. 2. ed. Florianópolis: Insular, 2012.

QUEIROZ, J. G. de. **Manual do orador**. 3. ed. Goiânia: AB Editora, 1998.

SHINYASHIKI, R. **Os segredos das apresentações poderosas**: pessoas de sucesso sabem vender suas ideias, projetos e produtos para qualquer plateia. São Paulo: Gente, 2012.

SILVA, J. L. de O. A. da. **Rádio**: oralidade mediatizada – o spot e os elementos da linguagem radiofônica. São Paulo: Annablume, 1999.

SOARES, R. M. F.; PICCOLOTTO, L. **Técnicas de impostação e comunicação oral**. 3. ed. São Paulo: Loyola, 1991.

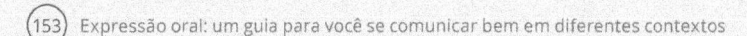

TEIXEIRA, L. F.; VASSALLO, L. Ministro dá 30 dias para União cumprir ordem judicial de 25 anos atrás. **UOL Notícias**, 28 abr. 2018. Disponível em: <https://noticias.uol.com.br/ultimas-noticias/agencia-estado/2018/04/28/ministro-da-30-dias-para-uniao-cumprir-ordem-judicial-de-25-anos-atras.htm?cmpid=copiaecola>. Acesso em: 25 out. 2019.

VALDÉS, J. **La noticia**. 2. ed. Quito: Quipus, 1988.

VANOYE, F. **Usos da linguagem**: problemas e técnicas na produção oral e escrita. 13. ed. São Paulo: M. Fontes, 2007.

ZUMTHOR, P. Permanência da voz. In: TRAD, M. I. R. A palavra e a escrita. **Revista O Correio**, n. 10, Unesco, 1985.

Respostas

Capítulo 1

Questões para revisão

1. Repertório é o conjunto de conhecimentos de cada pessoa ou grupo de pessoas. Para que haja comunicação, é necessário que aqueles que se comunicam tenham um repertório comum. No nível mais básico, que falem a mesma língua.
2. Não basta ter uma voz agradável, embora isso seja algo útil e desejável. Além disso, é preciso dominar as boas técnicas de comunicação oral e ter um nível adequado de dicção, articulação, potência, entonação e modulação.
3. d
4. c
5. c

Capítulo 2

Questões para revisão

1. Sim. O domínio da norma culta padrão, formal, dá poder a quem o detém, por ter acesso a determinados níveis de linguagem não acessíveis a todos. Isso é visível também no domínio dos jargões

característicos de determinados grupos com formação universitária, como advogados e médicos. O domínio da linguagem hermética dos médicos lhes dá poder sobre seus pacientes, assim como acontece com os advogados em relação aos clientes: como "entendidos" nessa linguagem, eles são capazes de comunicar-se utilizando-a, ao contrário da grande maioria dos pacientes e clientes.
2. Sim, pois ele consegue se fazer entender em sua língua materna nas situações cotidianas. Ele tem conhecimento suficiente da língua falada para se comunicar com outros membros de sua comunidade linguística.
3. a
4. d
5. a

Capítulo 3

Questões para revisão

1.
   a) Na introdução, a palestrante atraiu a atenção do público por meio de uma experiência pessoal, narrada em um tom bem-humorado (um acampamento de verão do qual ela participou). Durante o desenvolvimento, Susan utiliza pesquisas científicas atualizadas e exemplos históricos para diferenciar os conceitos de *introversão* e *extroversão*. Por fim, as estratégias que a palestrante empregou para concluir sua fala de forma atrativa foram as seguintes: (1) mostrar alguns livros escritos pelos autores favoritos de seu avô – que, segundo ela, era introvertido, e cuja trajetória profissional de sucesso ela narrou para os participantes como forma de incentivo; (2) fazer três apelos. Ao final de sua fala, Susan foi aplaudida em pé pelo público.
   b) A palestrante teve a intenção de demonstrar que a introversão não deve ser motivo de vergonha. Ela também defendeu que os

introvertidos precisam ser aceitos, respeitados e incentivados em suas características e particularidades.
2. A introdução é a etapa em que o interesse do público é despertado. No desenvolvimento, há a transmissão das informações-chave da apresentação. É nessa fase que os conceitos e as teorias pertinentes ao tema devem ser abordados. A conclusão envolve o resumo do pensamento central da fala, bem como um possível apelo para que o público adquira uma nova consciência acerca do assunto tratado e/ou mude sua(s) atitude(s).
3. c
4. b
5. d

Capítulo 4

Questões para revisão

1. O uso adequado da entonação dá dramaticidade ao discurso e facilita a compreensão deste por parte da plateia. Por meio dela, o orador consegue destacar palavras e expressar mudanças de humor, emoções e sentimentos. Todavia, seu uso em excesso não é recomendado; igualmente, é desaconselhada a ênfase em vocábulos acessórios de ligação, como as conjunções *e*, *mas* e *porque*.
2. Em sua palestra, Gilbert utilizou metáforas. Ele empregou essa ferramenta para explicar a função do córtex pré-frontal (que funciona como uma espécie de simulador de voo) e o conceito de felicidade sintética (que, de forma simples, se assemelharia a um sistema imunológico psicológico).
3. e
4. a
5. d

Capítulo 5

Questões para revisão

1. c
2. e
3. d
4. As informações-chave para o entendimento das notícias foram mantidas nos textos. Por outro lado, as informações secundárias, sem tanta importância para o *lead*, foram deixadas de lado. Além disso, os conteúdos foram desmembrados em frases curtas, e verbos na voz ativa foram priorizados, o que deixou os textos mais dinâmicos e objetivos.
5. Algumas recomendações são formular frases curtas, empregar verbos na voz ativa, evitar expressões como *parece* e *é possível que*, para primar pela precisão, e usar verbos no presente do indicativo (acontece) e no futuro composto (vai acontecer).

Capítulo 6

Questões para revisão

1. Café, chá, chocolate, produtos lácteos em geral e alimentos excessivamente condimentados.
2. Não é recomendável, porque a maiora dos cremes dentais provoca ressecamento bucal.
3. c
4. a
5. d

Sobre os autores

Raphael Moroz é bacharel em Comunicação Social – Jornalismo e em Psicologia pela Universidade Positivo (UP). É especialista em Cinema pela Universidade Tuiuti do Paraná (UTP) e em Administração (ênfase em Gestão da Comunicação Organizacional) pela FAE Business School e mestrando em Comunicação e Linguagens (linha de pesquisa: Processos Midiáticos e Práticas Comunicacionais) pela UTP e membro do grupo de pesquisa Interações Comunicacionais, Imagens e Culturas Digitais (Incom) da mesma universidade.

Tem experiência em telejornalismo e radiojornalismo, em jornalismo impresso e digital, em comunicação organizacional e em produção audiovisual e editorial, tendo atuado em empresas como TV Band, Universidade Positivo e TV Evangelizar. Como psicólogo, tem experiência em psicologia clínica e em orientação profissional. Como professor universitário, ministra aulas nas modalidades presencial e EAD para cursos de graduação e pós-graduação e elabora materiais didáticos para instituições de ensino superior. Publicou o livro-reportagem *Algemadas: a trajetória de mães que adoeceram com a dependência química dos filhos*, apresentou trabalhos em congressos de comunicação e psicologia e foi vencedor de importantes prêmios jornalísticos.

É um dos idealizadores do Follow Up Curitiba, o primeiro evento destinado a profissionais de comunicação empresarial da cidade. Atuou na Editora InterSaberes durante sete anos nas funções de revisor de textos, analista de projetos e assessor de imprensa. Atualmente, trabalha como psicólogo clínico e orientador profissional na DOM Clínica Terapêutica e como professor universitário em cursos de graduação e pós-graduação.

Tomás Eon Barreiros é graduado em Comunicação Social com habilitação em Jornalismo pela Pontifícia Universidade Católica do Paraná (PUCPR), especialista em Língua Portuguesa (PUCPR) e em Psicopedagogia (FAE), mestre em Comunicação e Linguagens (UTP), doutor em Ciências da Educação pela Universidade Tecnológica Intercontinental (Utic) e pós-doutor em Direitos Humanos pela Universidade de Salamanca, na Espanha.

Trabalhou em emissoras de rádio e televisão, em jornais diários e em agências de comunicação. Tem participação em mais de 50 obras, sendo autor ou organizador de cinco livros técnicos de comunicação: *Jornalismo e construção da realidade*; *Jornalismo: reflexões, experiências, ensino* (volumes 1 e 2); *Entrevista coletiva* (volume 2) e *O ensino de jornalismo no Brasil: pesquisa em instituições de Curitiba-PR*. É autor da obra coletiva de poesia *Poetar I&C* e do livro individual de poemas *Tanto ou tão pouco*. Foi professor em cursos superiores de Comunicação Social por 16 anos, em instituições do Paraná e de Santa Catarina. Recebeu cerca de 50 prêmios e moções de reconhecimento relacionados à sua atuação profissional como professor, jornalista, ator e escritor.

É ator e dublador profissional, com apresentações regulares no teatro, trabalhos frequentes de dublagem e algumas atuações em cinema. Atualmente, trabalha como analista de comunicação concursado no Ministério Público do Estado do Paraná. É coprodutor e apresentador de programas de rádio semanais premiados nacionalmente.

Os papéis utilizados neste livro, certificados por instituições ambientais competentes, são recicláveis, provenientes de fontes renováveis e, portanto, um meio responsável e natural de informação e conhecimento.

FSC
www.fsc.org
MISTO
Papel produzido a partir de fontes responsáveis
FSC® C103535

Impressão: Reproset
Abril/2021